Walter Wimmer

Das Wort ist Fleisch geworden

Walter Wimmer

Das Wort ist Fleisch geworden

Sonn- u. Feiertagspredigten im Lesejahr B

Fromm Verlag

Impressum / Imprint

Bibliografische Information der Deutschen Nationalbibliothek: Die Deutsche Nationalbibliothek verzeichnet diese Publikation in der Deutschen Nationalbibliografie; detaillierte bibliografische Daten sind im Internet über http://dnb.d-nb.de abrufbar.

Alle in diesem Buch genannten Marken und Produktnamen unterliegen warenzeichen-, marken- oder patentrechtlichem Schutz bzw. sind Warenzeichen oder eingetragene Warenzeichen der jeweiligen Inhaber. Die Wiedergabe von Marken, Produktnamen, Gebrauchsnamen, Handelsnamen, Warenbezeichnungen u.s.w. in diesem Werk berechtigt auch ohne besondere Kennzeichnung nicht zu der Annahme, dass solche Namen im Sinne der Warenzeichen- und Markenschutzgesetzgebung als frei zu betrachten wären und daher von jedermann benutzt werden dürften.

Bibliographic information published by the Deutsche Nationalbibliothek: The Deutsche Nationalbibliothek lists this publication in the Deutsche Nationalbibliografie; detailed bibliographic data are available in the Internet at http://dnb.d-nb.de.

Any brand names and product names mentioned in this book are subject to trademark, brand or patent protection and are trademarks or registered trademarks of their respective holders. The use of brand names, product names, common names, trade names, product descriptions etc. even without a particular marking in this works is in no way to be construed to mean that such names may be regarded as unrestricted in respect of trademark and brand protection legislation and could thus be used by anyone.

Coverbild / Cover image: www.ingimage.com

Verlag / Publisher:
Fromm Verlag
ist ein Imprint der / is a trademark of
OmniScriptum GmbH & Co. KG
Heinrich-Böcking-Str. 6-8, 66121 Saarbrücken, Deutschland / Germany
Email: info@frommverlag.de

Herstellung: siehe letzte Seite /
Printed at: see last page
ISBN: 978-3-8416-0420-0

Copyright © 2013 OmniScriptum GmbH & Co. KG
Alle Rechte vorbehalten. / All rights reserved. Saarbrücken 2013

Inhaltsverzeichnis

2. Adventsonntag 3
Maria Empfängnis 6
Weihnachtsmette 11
Christmette 16
Weihnachten 21
Erscheinung des Herrn 25
Taufe des Herrn 30
2. Sonntag 35
6. Sonntag 40
7. Sonntag 44
Aschermittwoch 50
4. Fastensonntag 54
Gründonnerstag 59
Karfreitag 62
Osternacht 66
Osternacht 71
Osternacht 75
Ostersonntag 79
Ostersonntag 83
2. Ostersonntag 87
6. Ostersonntag 92
11. Sonntag 96
Christi Himmelfahrt 102
Christi Himmelfahrt 106
Christi Himmelfahrt 111
Pfingstmontag 116

Fronleichnam	119
14.Sonntag	125
20. Sonntag	129
21. Sonntag	134
23. Sonntag	138
Erntedank - Konzilsjubiläum	143
32. Sonntag	148
Allerheiligen	152
Allerheiligen	156
Allerseelen	160
Allerseelen	165
25. Sonntag	169
Christkönig	174

2. Adventsonntag

Jes 40,1-5.9-11; Mk 1,1-8 (4.12.2011)

Es sind drei Erfahrungen, die mich in diesen Tagen bewegen, an denen ich meine Gedanken anschließen will.

Da ist zunächst unser 50. Kirchweihjubiläum, das wir nächsten Sonntag feiern und das auch in einer Festschrift seinen Niederschlag findet. Es bedeutet im Hintergrund nicht wenig Vorbereitungsarbeit, aber schließlich geht es nicht ums Arbeiten, sondern um die Unterbrechung der Arbeit, um das Feiern.

Da es genau 50 Jahre sind, erinnert es mich zunächst an das so genannte Sabbat- oder Brachejahr in der Bibel (Lev 25,1-28; Neh 5). Angesichts unserer Umweltprobleme ist es durchaus interessant, dass bereits im Alten Bund alle sieben Jahre die Erde nicht ausgebeutet wurde, sondern ruhen sollte. Darüber hinaus aber gab es nach 7x7, also nach 49 Jahren das 50. Jahr als „Jobeljahr", weil es mit den Klängen des Widderhorns(= Jobel) begonnen hat. Später hat man aus dem „Jobeljahr" ein „Jubeljahr" gemacht

Aus der Überzeugung, dass Gott allein der eigentliche Besitzer des Landes ist, gab es im 50. Jahr eine gewaltige Unterbrechung dessen, was sich in den letzten 50 Jahren angehäuft hatte: Die Gefangenen wurden freigelassen, die Schulden getilgt und der Boden wurde den ursprünglichen Eigentümern wieder zurückgegeben.

Ich will nicht leichtfertig sagen, dass dies die Lösung der derzeitigen Euro-Krise wäre, aber ich bin überzeugt, dass dieses Jobeljahr als Jahr der Lastenbefreiung in einer revolutionären und außergewöhnlichen Weise unter den Menschen wieder Freiheit und Gleichheit hergestellt hat, jedenfalls viel radikaler als eine Schuldenbremse, künftige Euro-Bonds oder Schuldennachlässe der Banken!

Grundbesitz und Geborgenheit in der damaligen Großfamilie waren nämlich in sozialer und wirtschaftlicher Hinsicht für die Menschen so etwas wie Heimat, Freiheit und Gleichheit. Es ging dabei nicht um irgendeine oberflächliche Kosmetik oder das Prinzip „Alle sollen sparen, nur ich nicht", sondern es war eine wahre Radikalkur, d.h. eine Heilung an den Wurzeln!

Sie erinnern sich an das Jahr 2000, das Milleniumsjahr, in dem Papst Johannes Paul II auch an die Brust der Kirche geklopft und deren Mit-Schuld eingestanden hat – mit der Bitte um Vergebung und auch mit der Anregung, eine Entschuldung der armen Länder in die Wege zu leiten. Es wäre schön, wenn für viele von uns unser Jubeljahr auch ein Anlass zu einem persönlichen ‚Erlassjahr' auch im Empfang des Sakramentes der Versöhnung würde!

Hand aufs Herz; den meisten von uns geht es gut; auch unsere Pfarre kann nicht klagen. Ich weiß, es ist immer nur ein kleiner Tropfen auf den heißen Stein. Aber wir haben in der PGR-Leitung entschieden, bei der Feier unseres Jubiläums am nächsten Sonntag ein Zeichen der Solidarität mit den Armen und Bedrängten zu setzen. Wir wollen die Körbchensammlung zur Gänze für soziale Zwecke im Inland und Ausland widmen: konkret zu 50% für die von Bischof Maximilian gegründete Diözesane Bischöfliche Arbeitslosenstiftung und zu 50% für das Frauenhaus der oberösterreichischen Sr. Hildegard Enzenhofer in Qubeibe-Emmaus in Palästina, also im Heiligen Land. Vielleicht ist es für manche ein zusätzlicher Motivationsschub, wenn ich heute verspreche, anlässlich unseres Pfarrjubiläums persönlich das Ergebnis von meiner Seite her zu verdoppeln. Zugleich wollen wir freilich heute auch bei der üblichen adventlichen Sammlung der KMB „Sei so frei" mittun.

Die zweite damit zusammenhängende Erfahrung und ein Gedanke dazu: Am vergangenen Donnerstag wurde im Linzer Schloss das Jubiläum der „Allianz für den freien Sonntag" gefeiert.14 Jahre sind es seit der Gründung in OÖ, 10

Jahre in Österreich und heuer gab es die Gründung der Europäischen Sonntags-Allianz. Auch hier geht es um die Siebenzahl, nämlich die Unterbrechung der Arbeit nach sechs Tagen am Sonntag als allgemein verbindlichen Ruhetag.

Es geht darum, dieses „älteste Sozialgesetz der Welt" (Bischof Maximilian) zu bewahren, indem die Rückendeckung der Kirche, der Sozialpartner, vieler Vereine, ja selbst von Regierungen gleichsam ‚Schutzwälle' um den Sonntag aufbauen, weil eine neoliberale Wirtschaft daran ständig knabbern und ihn schließlich abschaffen will.

Es geht um die für das Gelingen des menschlichen Lebens nötige Balance von Gottes-, Nächsten- und Selbstliebe, für die der Sonntag ein Garant ist.

Freie Zeit füreinander am Sonntag, zumal für Familie und Freunde, sichert den Zusammenhalt unserer Gesellschaft. Sonntag heißt auch persönliche Freiheit im Sinne der notwendigen Selbstliebe: „Hier bin ich Mensch, hier darf ich es sein", nicht nur Arbeitgeber oder Arbeitnehmer, Produzent oder Konsument. Jeder Mensch hat einen unbezahlbaren Mehrwert, für den Gott sich verbürgt. Und schließlich: ‚Holidays' sind auch immer wieder ‚heilige Tage', die uns im Sinne der Bergpredigt unnötige Sorgen und Ängste wegnehmen und auf Gott Vertrauen schenken wollen. Ich danke Ihnen, den Kirchgängern, dass Sie auch durch Ihre sonntägliche Mitfeier für diese unbezahlbaren Werte Zeugnis geben.

Eine dritte Erfahrung: Ich habe in diesen Tagen den Film „Home" gesehen. Er zeigt in wunderbaren Bildern die Schönheit unserer Erde, aber auch deren Narben und Gefährdungen durch die Ökokrise – das Thema der zurzeit in Durban stattfindenden Weltklimakonferenz. Die Zukunft der Erde und damit unser aller Schicksal werden auch hier mit einer großen Unterbrechung zusammenhängen: Unterbrechung des allzu großen Ausstoßes von Treibhausgasen, Unterbrechung der Ausbeutung der Erdressourcen und damit auch Unterbrechung unseres viel zu aufwändigen Lebensstiles. Es geht um Gedeih und Verderb der Menschheit!

Von der Dringlichkeit einer dreifachen Unterbrechung habe ich gesprochen: Unterbrechung anlässlich des Jubeljahres, Unterbrechung durch den Sonntag, Unterbrechung aufgrund der Öko-Krise. Ich bin zutiefst überzeugt, dass diese Unterbrechungen heute höchst aktuelle Weisen dessen sind, wozu uns die heutigen Lesungen durch den Aufruf zu neuen Wegen auffordern. Sie sind der Hintergrund meiner Überlegungen. Es genügt wohl, ein paar Sätze zu zitieren, die uns aufrütteln sollen.

In der Lesung heißt es: „Bahnt für den Herrn einen Weg durch die Wüste! Baut in der Steppe eine ebene Straße für unseren Gott. ... Was krumm ist, soll gerade werden, und was hüglig ist, werde eben."

Im Evangelium wird Johannes der Täufer mit den Worten des Propheten Jesaja eingeführt: „Eine Stimm ruft in der Wüste: bereitet dem Herrn den Weg! Ebnet ihm die Straßen!" Viele folgten seinem Aufruf, bekannten ihre Schuld und kehrten um, also unterbrachen ihr bisheriges Verhalten und änderten sich.

Der Advent ist die Einladung an uns alle, innezuhalten und unseren Alltag zu unterbrechen, auf die wahren Propheten unserer Zeit zu hören und umzukehren zu neuen Wegen der Hoffnung und des Heils. Amen.

Maria Empfängnis

Gen 3,9-15.20; Lk 1,26-38 (8.12.2011)

Das heutige Fest heißt offiziell „Hochfest der ohne Erbsünde empfangenen Gottesmutter Maria". Es wurde 1854 von Pius IX als verbindlicher Glaubenssatz verkündet. Unser Neuer Dom, der Mariendom, ist diesem Festgeheimnis geweiht. Ich möchte drei Anmerkungen dazu machen, zunächst über das, was mit Erbsünde nicht gemeint ist und was gemeint ist, sodann was mit dem heutigen Festgeheimnis nicht gemeint ist und was gemeint ist, schließlich was dieses Fest für uns heute nicht bedeutet und was es bedeuten kann.

Die Älteren unter uns werden sich vom Religionsunterricht noch an den Begriff der Erbsünde erinnern, die Jüngeren wissen davon kaum noch Beschied, denn der Begriff ist sehr missverständlich und leicht irreführend. Soll etwa ein kleines unschuldiges Kind damit schon zu tun haben? Oder ist gar eine menschenfeindliche Sexualmoral dahinter verborgen, die die Geschlechtlichkeit überhaupt als verderblich ansieht?! Verständlicherweise wird der Begriff deshalb heute eher vermieden. Erbsünde ist keine personale Schuld. Es ist auch nicht sozusagen die Suppe, die uns – gemäß der bekannten Geschichte aus dem Paradiese, wie wir sie in der Lesung hörten - Adam und Eva eingebrockt haben und die wir nun auslöffeln müssen – wobei dann manche Männer nochmals ihre Frauen anschauen und ihnen ob vorwurfsvoll oder lächelnd die größere Schuld an der Misere geben wollen. Es wäre dies ein völlig falsches Verständnis der ersten elf Kapitel im Buch Genesis am Anfang der Bibel. Da geht es in orientalischen Bildern um die Befindlichkeit des Menschen schlechthin und die Antwort auf die uralte Frage, warum im Menschen und in der Welt nicht alles von Grund auf gut ist, wo wir doch an einen guten Schöpfergott glauben. Es ist einfach eine Tatsache, dass Beziehungen zwischen Mensch und Gott, zwischen Mann und Frau (Adam und Eva), zwischen Geschwistern (Kain und Abel), zwischen dem Menschen und der Natur (Sintflut - ökologische Krise) gestört sind. Im Bild des Turmbaues zu Babel wird dieses Aus- und Gegeneinander statt Mit- und Füreinander nochmals zusammengefasst.

Man nennt diese Schuldgeschichte, in die wir hineingeboren werden, ohne selbst gesündigt zu haben, heute eher ‚Strukturen der Sünde'. Im eigenen

Fehlverhalten ratifizieren wir gleichsam die Adams-Sünde, deren letzte Konsequenz ein Ende (der Tod) statt Vollendung ist. Wer diese große Wunde unseres Daseins nicht zugibt, der möge nur die täglichen Nachrichten anschauen. Schlagwörter wie Tschernobyl, Temelin, Eleven - Nine, Ökokrise, Nord-Südgefälle oder Atomwaffen mögen als Beispiele dafür genügen.

Der berühmte Soziologe Peter L. Berger sagte vor zwei Wochen in einem Interview der Zeitung „Presse" (27.11.10): „Ich liebe Gilbert K. Chesterton, der gesagt hat: ‚Die Erbsünde ist das einzige christliche Dogma, für das man keinen Glauben braucht –man muss sich nur umsehen.'"

Auf diesem Hintergrund frage ich nach dem Sinn des heutigen Festgeheimnisses ‚Ohne Erbsünde empfangene Gottesmutter Maria'.

Vorweg: es geht nicht um die Empfängnis des Jesuskindes im Schoße Mariens, auch wenn das Evangelium dies nahe zu legen scheint, sondern es ist die Empfängnis Mariens im Schoße ihrer Mutter Anna gemeint. Es geht auch nicht im Sinne von ‚Vitamin B'(eziehung) um irgendeine himmlische Freunderlwirtschaft, ein Privileg oder einen unerlaubten Insiderhandel, in dem Maria um ihretwillen etwas zuteil wird, was mit uns nichts zu tun hat. Auch wenn die Volksfrömmigkeit in der besonderen Verehrung Mariens vielleicht etwas vom Fraulichen im allzu männlichen und patriarchalischen Gottesbild zu retten versucht, so kann es auch darum nicht gehen, denn das haben weder Gott noch Maria nötig. Worum geht es dann?

Schon eher hilft uns zum Verständnis der Engelsgruß an Maria: „Sei gegrüßt, du Begnadete, der Herr ist mit dir." Nach der Schuldgeschichte und der Last der Vergangenheit, die die Spuren bis in unsere Zeit ziehen, möchte Gott in großer Konsequenz einen neuen Anfang setzen, einen radikalen Anfang, d.h. ohne Wenn und Aber, also von der Wurzel her.

Über diesem Neustart soll nicht der Schatten des vergangenen Gegeneinanders liegen, sondern das Licht eines neuen Miteinanders zwischen Gott und dem Menschen. Gott will diese Neuschöpfung in der Menschwerdung Jesu außerhalb dieses Schuldzusammenhanges stellen. Unser Fest besagt: Auch die Person, nämlich Maria, die irdische Mutter Jesu, soll außerhalb dieses Schuldkreises stehen. Der Sieg Gottes in Jesus Christus nimmt darin seinen Anfang und wird endgültig in dessen Auferstehung besiegelt!

Im Wort Gottes an die Schlange im Paradies wird bereits vorhergesagt, dass sie verflucht ist und die Frau ihr den Kopf zertreten wird. Was im Gott-sein-wollen des Menschen im Paradiese zum Gegeneinander von Gott und Mensch führte, ist in der Totalannahme Mariens wieder ein neues Miteinander von Gott und Mensch. Was in diesem so genannten Proto-Evangelium (= erste Frohbotschaft) in Hinblick auf Eva vorausgesagt wird, findet seine Erfüllung in Maria, der wahren Mutter aller Lebendigen.

Die Erzählung von der Verkündigung der Menschwerdung Gottes durch den Engel Gabriel ist also gleichsam die Gegengeschichte von der Erzählung vom Sündenfall im Paradies.

Die dritte Frage, die uns bewegt: Was hat das mit mir, mit uns, mit unserer Welt zu tun? Dieses Fest ist kein Festtag der Anerkennung der Arbeit („Der Arbeiter ist seines Lohnes wert!"), so wichtig sie ist. Es ist auch kein freier Tag für die besonders Tüchtigen und Anständigen, schon gar nicht ein Zwickeltag für die Heimatverbundenen, also all jene ohne Migrationshintergrund. Es ist vor allem kein Tag der Leistung und in Folge kein Tag, an dem wir das verdiente Geld in den Shopping-Tempeln im vorweihnachtlichen Kaufrausch ausgeben. Dieser Tag ist genau das Gegenteil: es ist ein Tag, der uns alle darauf hinweist, dass bei Gott nicht die Leistung und Tüchtigkeit zählen, sondern allein die Gnade. Es ist ein Tag, an dem uns neu bewusst werden soll, was Saint-Exupery so ausdrückt: „Freunde kann man nicht im Geschäft kaufen." Gott ist ein Freund und Liebhaber des Lebens. Er schenkt das Heil frei und ungeschuldet allen, die dafür offen sind.

Es geht nicht um das Prinzip Leistung, so sehr es im Wirtschaftsleben seine Berechtigung hat, sondern es geht um Gnade, nicht als Prinzip, sondern als Gottes Geschenk in Jesus. All unsere Weihnachtsgeschenke sind verkehrt, wenn sie uns als Tauschgeschäft und Ausdruck der Leistung verbinden. Sie sollen und dürfen vielmehr Zeichen des größten Geschenkes, der Menschwerdung Gottes in Jesus sein! Wohin uns die Gier nach immer mehr geführt hat, erleben wir global in der Finanz- und Wirtschaftskrise. Der Theologe Hans Küng spricht von der, wie er sagt, „institutionalisierten Gier" als „struktureller Sünde", denn es kann sich nicht nur der Einzelne verfehlen, sondern auch ganze Gesellschafts- und Wirtschaftssysteme können sündhaft sein, wenn sie sich von der Realwirtschaft abgekoppelt haben (Hans Küng, Anständig wirtschaften, Piper 2010). Diese Gier hat den Zusammenbruch des Finanzsystems heraufbeschworen.

Der heutige Festtag ist eine Theologie gegen die Gier. Weder Geiz noch Gier sind geil, sondern sie führen in einen Abgrund der Zer-Störung. Maria Empfängnis stellt die vorbehaltlose Gnade und damit die absolute Personwürde jedes Menschen, unabhängig von Leistung, Bankkonto und Besitz, in den Mittelpunkt, denn der Mensch ist mehr als er hat, besitzt und konsumiert.

Vielleicht sagen Sie: Was kann ich damit anfangen? Nun, eines kann jede und jeder von uns tun, so bescheiden es sein mag: diesen Tag als Zeichen der Würde jedes Menschen unabhängig von und vor aller Leistung wie viele andere zum „Kauf nix-Tag" machen, also wirklich einen Feiertag halten, statt die Geschäfte zu stürmen. „Shoppen am 8.Dezember ist out" haben bereits 15.000 einander auf Facebook kommuniziert. Schön, dass die Billa- und Baumax

Geschäfte nicht mittun! „Wir geben damit ein Zeugnis, dass Konsum und wirtschaftlicher Erfolg nicht der höchste Wert sind und dass wir Solidarität mit den ohnedies in dieser Zeit überstrapazierten Familien der im Handel Beschäftigten kennen" (Bischöfe Ludwig und Maximilian). Damit nehmen wir den Gutschein für einen Feiertag an und tragen zur so wichtigen Entschleunigung im vorweihnachtlichen Kaufrausch bei. Ich bin überzeugt: Das ist durchaus im Sinne des heutigen scheinbar so schwer zugänglichen Festgeheimnisses. Amen.

Weihnachtsmette
Jes 9,1-6; Lk 2,1-14 (24.12.2002)

Ein seltsamer Kontrast liegt über dem Evangelium: Da stellt der Evangelist Lukas offenbar sehr bewußt zwei ganz verschiedene Welten provokant einander gegenüber:
auf der einen Seite das kleine hilflose Kind im abgelegenen ‚Kaff' Betlehem, Kind zweier armer Leute, auf der anderen Seite der mächtige Kaiser Augustus in Rom, Herrscher des römischen Weltreiches vom heutigen Frankreich bis in den Nahen Osten.
Da ist Minimundus und Maximundus, etwas scheinbar völlig Bedeutungsloses und die große Welt, die den Ton angibt. Es sind zwei Welten, die nicht einfach neutral nebeneinander stehen, sondern die Mächtigen stellen dem Schwachen nach dem Leben, da sie ihre äußere Macht durch eine innere Kraft, die offenbar von dem Kleinen ausgeht, hinterfragt fühlen. Deshalb versuchte König Herodes, der Vertreter des Kaisers Augustus, das Kind zu töten.

Ist dieser seltsame Kontrast nicht durch all die zwanzig Jahrhunderte so geblieben? Es gab freilich die Gefahr, daß die Schar derer, die sich auf das Kind von Betlehem berufen, sich oft allzu nahe an die Paläste der Mächtigen heranmachte und sich ihnen anglich. Darum gab es auch immer wieder sogenannte Armutsbewegungen, die an diesen bescheidenen Anfang in Bethlehem erinnerten, so etwa Franz von Assisi, der nicht nur selbst als Braut die Armut wählte, sondern auch durch die Erfindung der Krippe das Geschehen von damals für die jeweilige Zeit als bedeutsam erkannte und so in sie hineinzuversetzen suchte. Immer gab es einen Megatrend, der den Zeitgeist bestimmte, und zugleich gab es aus dem Geist des Kindes heraus im Kontrast dazu die Suche nach einem noch tieferen verborgenen Sinn, wie er im Kinde von Betlehem aufleuchtet.

Ein neues Buch mit dem Namen „Die Megaphilosophien" bezeichnet als den großen tonangebenden Trend, sozusagen als den Kaiser Augustus der letzten paar Jahrhunderte, die Philosophie, die seit der Aufklärung und aufgrund des Siegeszuges der Wissenschaften immer lautstarker den Tod Gottes proklamierte und den autonomen Menschen zum Maß der Dinge machte. Das Hirn des Menschen glaubte alles im Griff und im Begriff zu haben. Das Ende war aber nicht seine Glückseligkeit, sondern die Träume des autonomen Menschen endeten in den Albträumen des zwanzigsten Jahrhunderts, sei es in der nationalsozialistischen oder in der kommunistischen Variante. Der kleine Mensch wurde dabei am Altar der Ideologie geopfert oder verhungerte in seinem Herzen, wie es etwa das berühmte Bild ‚Der Schrei' von Edward Munch zeigt.

Als die Megaphilosophie unserer Tage, den jetzt bestimmenden Zeitgeist, den Kaiser Augustus von heute, sieht der Autor des genannten Buches die Ökonomie, also die Wirtschaft als den alles treibenden Motor. Geld regiert die Welt, die Quoten bestimmen den Erfolg, die Bilanz muß stimmen, und sei es auf Kosten anderer. Diese Dynamik teilt die Welt in das Gefälle von erster, zweiter und dritter Welt; sie bestimmt vielfach die Gesetze des wirtschaftlichen Handelns in der Globalisierung und auch im Einigungsprozeß der EU. Auf der Strecke bleibt das Kind von Betlehem und jedes Kind, das noch nichts erwirbt, außerdem vielleicht die eigene Karriere unterbricht; durch das Raster fällt jeder Mensch, der noch nicht oder nicht mehr etwas zur Erwerbs- und Leistungsgesellschaft beitragen kann.

Man könnte diesen Kontrast zwischen dem schwachen Kinde und dem mächtigen Kaiser Augustus mit verschiedenen Beispielen durchspielen:

Er zeigt sich meines Erachtens in der Gefahr, die Wirtschaft in der globalisierten Welt zum obersten Prinzip zu machen und die Anliegen der Globalisierungsgegner einfach zu ignorieren. Er spiegelt sich in der Tendenz Europas, immer mehr zur ökonomischen Bastion zu werden und auf diesem Wege seine christliche Seele zu verkaufen.

So banal es klingen mag, dieser Kontrast schlägt sich auch nieder in der Konkurrenz zwischen dem geschäftstüchtigen Weihnachtsmann und dem immer mehr unterlegenen und in Vergessenheit geratenen Christkind. Das Kind von Betlehem zieht jedenfalls überall dort den Kürzeren, wo die Gaben unter dem Weihnachtsbaum nicht mehr Ausdruck des Geschenkes Gottes an uns sind, sondern dessen Ersatz, und wo die daraus entstehende Verlegenheit mit der Qualität des Weihnachtsfestes in der Quantität der Waren kompensiert wird. Damit ich nicht mißverstanden werde: Es braucht Wirtschaft, Geld und Ökonomie. Gefährlich sind sie nur dann, wenn sie sich zum alleinigen Prinzip aufspielen. Dann stellt die Megawelt auch heute dem Kinde von Betlehem, dem Kinde in jedem von uns nach und möchte es töten wie König Herdes damals. Wo der Mensch nur noch „hand"-elt und ein Macher ist, wo die Wirtschaft allein dominiert da hat das Kind seinen Platz verloren, da verhungert das Herz.

Wenn wirklich der Megatrend, also der Kaiser Augustus in der jeweiligen Gestalt, den Weltengang bestimmt und der Minimundus des Kindes nichts zu zählen scheint, warum teilen wir dennoch den Zeitenlauf in vor und nach Christi Geburt? Wenn wir dem Kinde in unserer Gesellschaft immer weniger Existenzberechtigung geben, warum gehen wir dennoch zum Kind in der Krippe? Woran liegt das Geheimnis dieses Festes?

Ich möchte es einmal in die Worte fassen:
Alles, was das Hirn des Menschen zu ersinnen vermag, so hilfreich und gut es sein mag, es stillt nicht unsere Sehnsucht. Alles, was die Hand des Menschen zu schaffen vermag, so nützlich und gewinnbringend es sein mag, es stillt nicht unsere Sehnsucht. Bleibt es nur bei Hirn und Hand, so verhungert unser Herz! Das Herz des Menschen sehnt sich nach mehr. Es sehnt sich nach Liebe, Annahme und Geborgenheit, nach einem letzten tiefen Vertrauen auf ein Du.

Auch wenn wir der Versuchung immer wieder erliegen, uns selbst zu produzieren und uns einen Namen zu machen, statt uns von einem Du rufen zu lassen, letztlich ist alle nur selbstgemachte Welt eine kalte Welt, in der die Seele des Menschen erfriert. Die Urfrage des Menschen „Ist da jemand?" läßt sich nicht abspeisen mit neuen steigenden Konjunkturdaten oder mit einer Dauererfolgsformel. Diese Frage ist der Schrei nach einem hellen, wärmenden Licht in einer kalt und anonym gewordenen Welt, in dessen Nähe man sich freut, wie Jesaja in der Lesung heute sagt. Es ist der Ruf nach einem letzten liebenden bergenden Du, nach der Güte und Menschenfreundlichkeit Gottes, wie es im Titusbrief heißt, nach einem Kind in der Krippe, für das in der Herberge kein Platz war.

Damit ist nämlich keine Idylle ausgesagt, sondern das heißt, daß jeder Mensch, der keinen Platz findet im jeweiligen Megatrend, in dem jeweils die Welt dominierenden System, in dem alles beherrschenden Markt, bei Gott Platz hat, angenommen und geliebt ist.

Wo immer wir in den aktuellen Megatrends erfolgreich mitzuschwimmen versuchen, verläßt uns nicht eine tiefsitzende Angst: Bin ich auch jemand, wenn ich meine Titel, meine Rollen und Funktionen, meinen Besitz und meine Macht ablegen muß oder sie mir eines Tages genommen werden? Bin ich jemand, wenn ich nackt und wehrlos bin wie ein kleines Kind? Oder bin ich dann niemand?!

Die Antwort des Weihnachtsgeheimnisses ist die von allen Erfolgs- und Leistungszwängen befreiende Frohbotschaft: Vor allen unseren Leistungen, Verdiensten und Errungenschaften sind wir Gottes geliebte Kinder. Das heutige Fest antwortet auf den Schrei unseres Herzens – mit der Zusage von Gottes unendlicher Liebe.

Dem Ruf unseres Herzens folgend sind wir, vielleicht eher unbewußt ahnend als konkret wissend, mitten in der Nacht dieser Welt zum Kind in der Krippe gekommen, weil wir allein hier die Antwort erhalten, die wir zeitlebens suchen: Nicht Kaiser Augustus, nicht Philosophie und nicht Ökonomie, nicht Hirn und Hand bestimmen letztlich den Zeitlauf der Dinge, sondern Er, nach dem wir unsere Zeit zählen. Er hat am Herzen Gottes geruht und hat unserem Herzen Kinde gebracht, daß wir Gottes ewig geliebte Kinder sind.

Das Kind von Betlehem sagt uns auch heute: „Euer Herz lasse sich nicht verwirren. Glaubt an Gott und glaubt an mich... Ich bin der Weg, die Wahrheit und das Leben. Durch mich findet ihr den Sinn des Lebens, kommt ihr zum Grund allen Seins, zu meinem und eurem mütterlich-väterlichen Gott." (vgl. Jo 14)

Auch wenn andere den Ton angeben und dem Kinde nachstellen, halten wir darum weiter voll Vertrauen fest an der Ausrichtung unserer Zeit ‚vor und nach Christi Geburt', denn in ihm ist uns allen der Retter der Welt geschenkt. Amen.

Christmette

Jes 9,1-6; Lk 2,1-14 (24.12.2011)

Vielleicht haben Sie vor zwei Tagen in den OÖN bei „Haiden am Donnerstag" gelesen, was die Autorin anbetracht einer völlig deplazierten Figurengruppe der Heiligen Familie inmitten eines Konsumtempels im Wiener Westbahnhof feststellt: „Die Geschichte von der Menschwerdung Gottes ist im Namen einer alles benutzenden Geschäftigkeit bald völlig ausgelutscht, durchgekaut, zerstört. Der Kern des Geschehens wird für das Fest so unwesentlich wie die Geleise im Shopping-Bahnhof. Wir feiern, aber wir haben keine Ahnung, warum. Natürlich, Familie, Geschenke, Essen, Trinken, Urlaub, ja. Aber warum?"
Das ist fürwahr die zentrale Frage, die wir uns hier und jetzt stellen müssen. Umfragen bestätigen, dass für die Mehrheit der Österreicher dieses Fest nur noch ein Brauchtum sei: für nur mehr 38 Prozent sei es ein religiöses Fest. Wir wären nicht hier, würden wir nicht die Kirche dem Konsumtempel vorziehen. Aber selbst der Glanz der Kerzen, der Schmuck unserer Christbäume, die wunderbaren Weisen unsere Weihnachtslieder garantieren nicht, dass wir wirklich wissen und erfahren, warum wir Weihnachten feiern. Dieses Fest ist nämlich alles andere als eine romantische Idylle oder irgendeine Flucht aus einem harten Alltag in die Beschaulichkeit einer behaglichen Wärme.

Die Lesung aus dem Propheten Jesaja spricht vom Volk, das im Dunkeln und in der Finsternis lebt. Da ist die Rede vom drückenden Joch, vom Stock des Treibers, von blutbefleckten Stiefeln – traurige Wirklichkeiten, wie sie bis heute in anderer Weise erlitten werden. Die in unsere Zeit übertragene Lesung hat dies deutlich vor Augen geführt, denn bis heute werden Menschen in ihrer Würde missachtet und von Mächtigen ausgenützt; bis heute werden meist die Armen Opfer von Öko- und Finanzkrisen, von Ausgrenzung und Gewalt.

Auch die Umstände der im Evangelium geschilderten Risikogeburt des Kindes Jesus lassen sich durchaus ins Heute überragen, denn wie viele Menschen finden heute keine Herberge, müssen in Armut leben und wissen nicht, wie sie das Morgen überleben?! Menschen sind auf der Suche nach Heimat und Geborgenheit. Ich bin überzeugt, auch im Kaufrausch im Shopping- und Konsumtempel ist der Mensch letztlich ein Suchender, allerdings auf einem Irrweg, denn die quantitative Fülle wird nie die tiefere Sehnsucht seiner Seele stillen und lässt ihn letztlich seelisch heimat- und obdachlos zurück.

Warum feiern wir Weihnachten? Das ist die Frage.
Seitdem der Mensch der Versuchung verfallen ist, sich selbst zu genügen, hat Gott Sehnsucht nach dem Menschen - von Anfang an, d. h. grundsätzlich, und er sucht ihn: „Adam, wo bist du?" Es beginnt in der Urgeschichte, in der geschildert wird, dass die Beziehungswelten zwischen Gott und Mensch, und zwischen Mann und Frau, zwischen den Geschwistern und innerhalb der Generationen, ja auch zwischen Mensch und Natur gestört ist, nachdem der Mensch seine selige Verwiesenheit auf ein Du aufgekündigt und sich dadurch selbst aus dem Paradiese ausgeschlossen hat. Im Bild von den Turmbauern von Babel, die sich nicht von einem Du rufen lassen, sondern sich selbst einen Namen machen wollen, ist dies nochmals zeitlos ausgesagt.
Die Spiritualität des ganzen Ersten Bundes könnte man nennen: ‚Gott sucht den Menschen'. Gott hatte es nicht leicht, gegen die je eigenen Hausaltäre der Menschen sein eigentliches Wesen als leidenschaftlich liebender Gott aufzuzeigen. Er muss oft gegen die menschlichen Vorstellungen auf krummen Zeilen gerade schreiben. So heißt es etwa bei Jesaja auf den Vorwurf, Gott hätte sein Volk vergessen: „Kann denn eine Frau ihr Kindlein vergessen, eine Mutter ihren leiblichen Sohn? Und selbst wenn sie ihn vergessen würde: Ich vergesse dich nicht." (Jes 49,15)

Wer und wie Gott ist, zeigt sich etwa bei Jesaja im Knecht Gottes, in dem Gott selbst unter Umständen, wie sie schlechter nicht sein könnten, ein Geschlagener und Verurteilter wird, einer der selbst keine Heimat und Geborgenheit hat.

Und wie es dem Prophet Elija am Berg Horeb offenbart wird, ist Gott nicht im Sturm des Fanatismus, nicht im Erdbeben der Erschütterung, auch nicht im Feuer der verbrannten Erde, sondern im sanften, leisen Säuseln.

Es ist die „List der Liebe", dass Gott selbst Mensch wird, um ihn nie mehr zu verlieren. Das ist die Botschaft von Weihnachten. Er, der Gott gleich war, hat daran nicht festgehalten, sondern hat sich entäußert und ist Mensch geworden – von der Krippe bis zum Kreuz (Phil 2,5ff).

Bethlehem besagt: Gott geht in die Knie, er ist im wahrsten Sinne des Wortes ein herabgekommener Gott – so tief, dass er jedem Menschen in Augenhöhe begegnen kann und dessen Bruder wird.

Weil Gott den Menschen mit unendlicher Liebe sucht, kommt er „nicht in Triumph, Glanz und Gloria, sondern in die Erbärmlichkeit meines Stalls, in die Schwachheit meiner Liebe, in die Begrenztheit meines Könnens, in mein Versagen – er macht sich ganz klein, damit er mitgehen kann" (Andrea Schwarz).

Gott selbst nimmt in Jesus unser Leben in seine Hände, um es niemals mehr loszulassen. Er kommt in der Finsternis der Nacht, damit die Mitte der Nacht zum Anfang eines neuen ewigen Tages wird.

Dieses Geheimnis des Kindes von Bethlehem ist der tiefste Grund, dass wir Menschen einen von Gott selbst verbürgten ‚Mehrwert' haben als Töchter und Söhne des lebendigen Gottes. Das Kind von Bethlehem ist der tiefste Grund, dass diese Erde als Horizont den Himmel hat, denn indem Gott in Jesus ganz Mensch ist, pflanzt er den Himmel in unsere zerrissene Welt ein. Jesus ist außerhalb der Stadt geboren und außerhalb der Stadt gestorben, damit alle Heimatlosen bei ihm Herberge finden.

Weihnachten bedeutet: Gott steckt in unserer Haut; er ist ganz darin eingefleischt. Wer dieses Geheimnis zu ahnen beginnt, der wird sich wie Anton Bruckner vor diesem Geheimnis niederknien und in tiefe Ehrfurcht versinken.

Ähnlich erging es Alexander Dostojewski, der stundenlang vor einem Bilde Mariens mit Kind verweilte – und gefragt, warum er das tue, antwortete: „Damit ich nicht an der Menschheit verzweifle". Mitten in den Dunkelheiten und Ängsten unseres Lebens, in den Bedrängnissen und Krisen unserer Zeit: „Allen Menschen wird zuteil Gottes Heil". „Was für eine Botschaft in einer eher gottvergessenen und gottverlassenen Zeit und Gesellschaft." (Helmut Krätzl)

Weil Jesus selbst arm zur Welt kam und sich sein Blick zeitlebens auf die Armen, Kranken und Ausgestoßenen richtet, ist seither der Weg zum Mitmenschen auch der Weg zu Gott. Weihnachten lädt uns alle ein: „Mache es wie Gott, werde Mensch!" (Franz Kamphaus)

Jeder Zuwachs an wahrer Menschlichkeit, an Friede und Versöhnung, an Hilfsbereitschaft und Solidarität in diesen Tagen ist Geschenk des Kindes in der Krippe, in dem Gottes Menschenfreundlichkeit ein Gesicht bekommen hat.

Ein konkretes Beispiel von Zuwachs an Menschlichkeit:

Die oberösterreichische Sr. Hildegard aus Qubeibe Emmaus ist gestern von Jericho nach Jerusalem und heute von dort nach Bethlehem gegangen, wo sie auch unserer Anliegen gedenkt, wie sie mir vor drei Tagen schrieb. Wir haben bei unserem Kirchweihjubiläum vor 2 Wochen u. a. für ihr Frauenhaus in Palästina gesammelt. Sie schreibt in Ihrem Dankbrief: "Ich weiß auch schon, was ich mit 2.705 Euro mache. Ich wollte schon immer einen Burschen vom Dorf aufnehmen, den wir als Koch einarbeiten – er war arbeitslos und wir hatten das Geld nicht.... Ich kann mit diesem Geld ein Jahr lang seinen Gehalt bezahlen. Er ist seit gestern angestellt. Er ist überglücklich und wir auch."

Ich bin überzeugt, überall in der Welt aber zumal angesichts der Mauern zwischen Jerusalem und Bethlehem hat die Weihnachtsbotschaft seine Aktualität behalten. Weihnachten ist der Abbau der Mauern zwischen Gott und Mensch und es wird dort richtig verstanden und gefeiert, wo auch heute noch Mauern zwischen den Menschen fallen.

So lese ich zum Schluss noch ein paar Zeilen aus dem Brief von Sr. Hildegard vor: "Wo ist Gott in dieser scheinbar aussichtslosen Lage? Doch gerade hier kann man ihm in besonderer Weise begegnen, denn wer vor einer Mauer steht, der richtet seinen Blick automatisch an diesem unüberwindbar scheinenden Hindernis entlang nach oben, in den Himmel. Und so wird die Mauer ... tagtäglich zum Anlass, um das Einstürzen der Mauern in und um uns zu beten und zur Überwindung von Spaltungen zunächst einmal bei sich und mit dem Dienst am Nächsten anzufangen.

Es ist genau diese Botschaft, die man als Besucherin in Bethlehem ... erfahren kann: Hier, wo Jesus unter ärmsten Verhältnissen mitten unter den Menschen geboren wurde und mit ihnen lebte, hier inmitten all der heutigen politischen Schwierigkeiten und Gefahren, kann man eine überwältigende Herzlichkeit und Solidarität finden, wo Menschen einander dienen und helfen, wo sie können, und dann, wenn die Hindernisse manchmal doch zu hoch erscheinen, nicht an ihnen hängen bleiben, sondern den Blick gemeinsam in den Himmel richten."

Schöner und aktueller kann man die Weihnachtsbotschaft kaum zum Ausdruck bringen. Amen.

Weihnachten

Jes 52, Jo1,5-9.9-14 (25.12.2008)

Wir feiern die Geburt Jesu Christi – ein Fest, das üblicherweise am Anfang eines Lebens steht. Nun ist es freilich so, dass das älteste Evangelium, nämlich das von Markus, gar keine Kindheitsgeschichte Jesu hat. Auch der Apostel Paulus spricht nur an einer Stelle relativ sachlich von Jesus als „geboren von einer Frau". Der Johannesprolog, den wir eben hörten, sagt es eher in einer theologischen Reflexion „Das Wort ist Fleisch geworden und hat unter uns gewohnt" als in einer vertrauten und manchmal fast idyllischen Krippensprache. Damit ist fürs erste gesagt, dass die Kindheitsgeschichten, wie wir sie bei Lukas und Matthäus kennen, eine andere literarische Gattung sind, also zunächst keine im modernen Sinn historischen Erzählungen, sondern tiefe theologische Glaubensaussagen wiedergeben.

In den ersten drei Jahrhunderten haben die Christen übrigens die Geburt Jesu keineswegs festlich begangen. Dazu kam es erst im 4. Jahrhundert, wahrscheinlich zur Zeit des Kaisers Konstantin, als durch heidnische Kulte aus dem Osten, vor allem den Mithraskult, politische und militärische Siege auf den „sol invictus", also den unbesiegbaren Sonnengott zurückgeführt wurden. So wie die Esoterik heute wurde damals der Sonnenkult zu einer Modeerscheinung.

Im Gegensatz zu den Kaisern, die sich auf Münzen auch mit dem Sonnenstrahlenkranz, also wie Götter abbilden ließen, begannen Christen im Gegensatz dazu Christus als „Sonne der Gerechtigkeit" zu besingen und darzustellen. Man nahm zugleich die Symbolik der Wintersonnenwende um den 21. Dezember zu Hilfe und setzte die „Geburt der neuen Sonne" Jesus auf dieses Datum fest. Durch kleine astronomische Abweichungen ist daraus der

25. Dezember geworden. Also auch hier keine Aussage eines genauen historischen Datums, aber eine tiefe theologische Deutung dessen, was durch Jesu Geburt geschehen ist.

Was ist das wirklich Bedeutende an der Geburt Jesu? Was bleibt von allen uns so vertrauten Bildern rund um das Heilige Paar, die Krippe, die Hirten und die Drei Könige, wenn sich die historischen Umstände gar nicht leicht erfassen lassen? Was sagen sie an tiefer Wahrheit über Gott und den Menschen aus?

Die Sonne hat ihre Faszination bei allen Völkern und Religionen, weil sie die Dunkelheit und damit Bedrängnis, Angst und Not vertreibt und in Licht und in Wärme führt. Kein Wunder, dass sich immer wieder Herrscher und Machthaber damit identifizierten – bis zur totalen Perversion dessen, wenn sich einer von allen mit ‚Heil' grüßen ließ und Millionen in Unheil und Tod stürzte oder wenn jetzt in Zimbabwe Präsident Mugabwe meint, der Staat stehe und falle mit ihm, und das Volk dabei zugrunde geht!

Sonne als Lebens- und Heilsspender ist nur verständlich auf dem Hintergrund von Dunkelheit und Finsternis, von Unheil und Tod. Die Geburt des Sonnenkönigs Jesus zeichnet sich im Unterschied zu allen anderen Sonnekönigen dadurch aus, dass in ihm Gott selbst in die Armut und Enge, in die Dunkelheit und Finsternis dieser Welt absteigt und selbst Mensch wird. „Er, der Gott gleich war, hielt daran nicht fest, sondern entäußerte sich und wurde wie ein Sklave und den Menschen gleich. Sein Leben war das eines Menschen; er erniedrigte sich ..." (Phil 2,6-8).

Jesus Christus ist die Wende von der Finsternis zum Lichte - nicht durch ein astronomisches Mirakel, nicht durch einen genetischen Einfall, nicht durch ein Hightech-Verfahren ungeahnter Art und auch nicht durch politische Macht, sondern allein durch die Solidarität und Liebe Gottes, indem er selbst Mensch wird und uns dort abholt, wo wir stehen: in unserer Armut und Enge, in unserer Enttäuschung und in unserem irdischen Risiko.

Vor einer Woche wurde in Wien ein Netzwerk von 20 Organisationen vorgestellt, die sich bemühen, einem Kind einen bestmöglichen Start zu ermöglichen, weil dies viel klüger sei als späteres Reparieren. Dabei wurde auch wörtlich gesagt, dass gemessen an heutigen Statistiken Jesus ein „absolutes Risikokind" wäre, denn er war „ungeplant", kam wegen unzureichender Geburtsvorkehrungen vermutlich früher als erwartet zur Welt, hatte eine zu junge Mutter, die von ihrer eigenen Mutter bei ihrer ersten Entbindung allein mit einem unerfahrenen Mann in einer wildfremden Umgebung gelassen wurde.

Aber genau diese alles andere als erfreulichen Umstände sind Zeichen der Solidarität Gottes mit allen, die auf dieser Welt Risiko-Kinder und gefährdete Menschen sind. Das sind die Kinder, die heute zu Bethlehem geboren werden und im Caritas Baby Hospital gleich an der unmenschlichen Mauer betreut werden. Von ihnen hat vor zwei Tagen die Presse berichtet: „Immer mehr Kinder werden aufgrund der schlechten Lebensbedingungen krank; sie sind mangelernährt oder leiden in den kalten, feuchten Wohnungen an Atemwegsentzündungen." Dass viele palästinensische Kinder und Familien lebenslang traumatisiert sind, ist eine Tatsache.

Es sind nicht die Schönen und Reichen, sondern die armen Hirten und suchenden Weisen, mit denen Gott in Jesus sich solidarisiert und die ihn in seiner Sympathie und Empathie für sie entdecken. Es sind bis heute alle, die im Dunkeln leben und von denen die anderen oft keine Notiz nehmen, Menschen, die unter Hunger, Krieg, Verfolgung, Vorurteilen, Armut und Krankheit leiden.

Gott geht in die Knie, er ist im wahrsten Sinne des Wortes ein herabgekommener Gott – so tief, dass er jedem Menschen in Augenhöhe begegnen kann und dessen Bruder wird.

Weil, wie Augustinus sagt, der Mensch Gottes Sehnsucht ist, weil er ihn mit unendlicher Liebe sucht, kommt er „nicht in Triumph, Glanz und Gloria, sondern in die Erbärmlichkeit meines Stalls, in die Schwachheit meiner Liebe, in die Begrenztheit meines Könnens, in mein Versagen – er macht sich ganz klein, damit er mitgehen kann" (Andrea Schwarz).

Das ist das Wunder von Betlehem: Gott selbst nimmt in Jesus unser Leben in seine Hände, um es niemals mehr loszulassen. Er kommt in der Finsternis der Nacht, damit einmal keine Nacht mehr sein und die Mitte der Nacht zum Anfang eines neuen und einmal ewigen Tages wird. Er allein ist der „Sol invictus", die unbesiegbare Sonne, die letztlich alles liebend umfängt, erwärmt und belebt.

Weihnachten sagt uns mitten in unserer Risikogesellschaft, mitten in der Wirtschaftskrise und der Gefahr neuer Eskalationen im Nahen Osten: Gott hat die Lust am Menschen nicht verloren. Im Gegenteil: Gott kennt kein Burn-out, seine Leidenschaft für den Menschen bleibt ungebrochen; er hat kein Verfallsdatum. Er selbst verbürgt sich in der Menschwerdung seines Sohnes für die absolute Würde jedes Menschen.

Das ist der Angelpunkt der Menschenwürde: Ob Frau oder Mann, schwarz oder weiß, schuldig oder unschuldig, jede und jeder sind unwiderruflich von Gott angenommen und gewollt.

Auch wenn sich die Kirche selbst oft mit den Menschenrechten schwer getan hat und immer noch erst am Lernen ist, hat sich Gott selbst dafür in die Waagschale geworfen und verbürgt sich von der Krippe bis zum Kreuz für die Rechte eines jeden Menschen, angefangen vom ungeborenen Säugling bis hin zum dem Tode geweihten Kranken, von hilflosen Kind bis hin zum straffällig gewordenen Mitmenschen.

Weihnachten bedeutet: Gott steckt in unserer Haut; er ist ganz darin eingefleischt. Wer dieses Geheimnis zu ahnen beginnt, der wird sich wie Anton Bruckner vor diesem Geheimnis niederknien und in tiefe Ehrfurcht versinken.

Ähnlich erging es Alexander Dostojewski, der stundenlang vor einem Bilde Mariens mit Kind verweilte – und gefragt, warum er das tue, antwortete: „Damit ich nicht an der Menschheit verzweifle".

Wir verschließen nicht in seliger Abgehobenheit die Augen vor der Finsternis und Blindheit der Welt (auch das Evangelium spricht davon), aber die Weihnachtsbotschaft besagt ja, dass genau in dieser Welt und nicht anderswo Gott Mensch geworden ist und dass in Jesus die Flut der Liebe Gottes zu uns eine Quelle innerhalb unserer Geschichte geworden ist. In ihm ist eine Sonne aufgegangen, die nicht wie Stars und Starlets, Diktatoren und Herrscher, Ideologien und Systeme das versprochene Licht und die verheißene Wärme schenken, sondern die kommen und wieder untergehen. Christus ist die wahre Wende aus aller Finsternis zum Sieg des Lebens und der Liebe. Lasst uns dies dankbar feiern. Amen.

Erscheinung des Herrn

Jes 60,1-6; Mt 2,1-12) (6.1.2003)

In diesen Tagen sind die Sternsinger wieder in unsere Häuser gekommen und haben für die Verbreitung des Evangeliums in unterentwickelten Ländern Spenden gesammelt. Weil es Kinder sind, die mit ihrem Einsatz und Charme so viel Gutes tun und weil die Geschichte von den drei Königen doch viele als eine liebliche Idylle anspricht, hat sich wohl manche Geldbörse aufgetan.

Ich danke den Sternsingern für ihren Einsatz und allen Spendern und Spenderinnen. Aber es ist mir zugleich ein Anliegen, den Schleier der Idylle vom heutigen Evangelium zu entfernen und vielmehr auf dessen provokanten Inhalt zu sprechen zu kommen.

Es geht bei den „Magiern aus dem Osten" nicht um eine historische Episode, sondern um Wahrheit in einem tieferen Sinn. Im Laufe der Zeit sind aus ihnen Könige geworden, drei Männer in unterschiedlichem Alter und mit unterschiedlicher Hautfarbe. Sie haben eine frappierende Ähnlichkeit mit den drei Königssöhnen, von denen viele Märchen erzählen. Auch diese Ähnlichkeiten sind ein Hinweis, daß die Magier der Weihnachtsgeschichte nicht vergangene geschichtliche Personen sind, sondern daß sie Symbolgestalten sind, die in allen Menschen lebendig sind, die zu allen Zeiten und in allen Weltgegenden das Heil suchen.

Sicherlich will der Evangelist bezeugen, daß im Kinde von Betlehem nicht nur die Erwartung Israels erfüllt ist, sondern der Erlöser der ganzen Welt allen geschenkt ist.

Nachdem die Weisen aus dem Morgenland neben Maria und Josef und den Hirten die einzigen sind, die die Bedeutung des Ereignisses von Betlehem verstehen, können alle, also auch wir, auf unserer Heils- und Glückssuche von ihnen lernen.

Wir sprechen von der Heiligen Nacht. „Heute – in der Nacht – ist euch der Retter geboren". Hirten am nächtlichen Feuer finden den Weg zur Krippe – und die für die Nacht sensiblen Magier, denn als Sterndeuter nehmen sie nicht nur wahr, was sie bei Tageslicht auf der Erde sehen, sondern auch was sich in der Nacht am Himmel tut. Die Sterndeuter sind also Menschen, die hellsichtig und hellhörig sind für die Botschaften der Nacht, und die den Mut haben den Regungen und Empfindungen ihrer Seele zu folgen. Sie wissen noch nicht, aber sie ahnen und suchen. „Mit der Sehnsucht beginnt alles" (Nelly Sachs), auch jeder Glaube und jede Religion. Die Magier aus dem Osten stehen für alle Menschen, „die Gott aufrichtig suchen", wie es in einem Hochgebet heißt.

Die Herausforderung des heutigen Evangeliums besteht für uns Kirchgänger, ja für die Kirche darin, dass damit alle ehrlich suchenden Menschen gemeint sind, nicht nur die Kirchgänger und die irgendwie in unsere Konfessionen Eingebundenen. Zur Provokation wird die Erzählung von den Sterndeutern, wenn es stimmen sollte, was der Jesuit Rupert Lay behauptet: „Ich bin außerhalb der Kirche mehr überzeugenden Christen begegnet als innerhalb."
Zwei Tatsachen müssen uns jedenfalls wie zwei Kehrseiten einer Münze zu denken geben:
Es ist zunächst eine Tatsache, daß immer mehr Menschen der Suche nach dem Heil nicht in der Kirche nachgehen, sondern viele verlassen sie und treten aus, weil sie glauben, so nicht das Heil zu finden. Die Kirche muss sich also von den Sterndeutern fragen lassen, warum dem so ist und wie sie heute den Weg zum Kinde von Betlehem als dem Retter der Welt weisen kann.
Es ist zugleich eine Tatsache, dass viele Menschen, vor allem auch in den Großstädten, sich neu auf eine religiöse Suche begeben. Während man in den Siebzigerjahren noch glaubte, dass die Religion bald ganz passé sei und die „Stadt ohne Gott" (Harvey Cox) käme, ist der Megatrend der Neunzigerjahre und des neuen Jahrtausends bisher eine „Respiritualisierung"; man spricht von der Wiederkehr der Religion. Aber auch die vielfach Suchenden müssen sich von den Drei Königen fragen lassen, ob sie auf dem rechten Weg sind.

Zunächst ein paar Fragen an die Kirche oder besser ein paar Vermutungen, warum Menschen sich schwer tun, mit ihr und durch sie nach Betlehem zu finden.
Ich vermute, daß auch die Kirche mehr vom Tag beeindruckt ist, wo man alles überblickt, im Griff und Begriff hat, zählen und abwägen, einordnen und beurteilen, moralisieren und dogmatisieren kann. Wo der Tag alles beherrscht, gelten die Leistung und die Norm. Wer der Norm nicht entspricht, wer mit seiner

bruchstückhaften Lebensgeschichte nicht angenommen wird, fühlt sich nicht ernst genommen, ja ausgeschlossen und in seiner Seele verwundet.

Ist aber dadurch der Weg des einzelnen Menschen mit seiner Einmaligkeit und seinem Geheimnis, mit seinen Sehnsüchten und Enttäuschungen, mit seinen Tränen und Scherben genügend ehrfurchtsvoll angenommen? Hat vielleicht auch Kirche in Betriebsamkeit und Wichtigtuerei verlernt, loszulassen und die Haltung zu leben, die in der Nacht die einzig mögliche ist und in die es ein Leben lang hineinzuwachsen gilt: die Haltung des Vertrauens und Fallenlassens in die größere Arme Gottes?

Der Schlaf ist der schönste Ausdruck dieses Vertrauens, daß die Welt in Gottes Hand aufgehoben ist. Möchte nicht der Stern jede/n von uns auf seinem je persönlichen Weg zu diesem Vertrauen führen? Vermissen nicht Menschen heute in der Kirche oft diese mystische Wegweisung in das Reich der eigenen Seele und deren Träume?

Kann es sein, daß wir auch wie die Hohen Priester und Schriftgelehrten im Palast des Herodes fertige Antworten verwalten und daß wir uns in den Heiligen Büchern auskennen, aber das Buch der eigenen Seele und der Seele anderer mit sieben Siegeln verschlossen ist? Während wir die alten Geschichten aus den Heiligen Büchern erzählen, bleiben die neuen Geschichten aus dem Leben der Menschen vielleicht ungelesen. Noch gelingt es uns offenbar zu wenig, Freude und Hoffnung, Trauer und Angst der Menschen zu verspüren und der Sehnsucht ihrer Seelen den Weg zu deren Erfüllung zu weisen.

Haben nicht Menschen das Empfinden, daß Kirche oft nur die Ziele aufzeigt, aber nicht den Weg dorthin, ganz zu schweigen von den oft auch notwendigen Um- und Irrwegen, um ans Ziel zu finden? Vielleicht wird der Strahl des weiterführenden Sternes oft verdunkelt durch fertige Antworten, mitunter auf Fragen, die niemand gestellt hat.

Die Sterndeuter kommen mit Pferden und Kamelen zur Krippe. Wenn die Tiere ein Sinnbild für die animalische Seite des Menschen sind, so heißt dies auch, daß der Weg zum Heil nicht über die Abtrennung, sondern über die Integration der Sinnlichkeit führt. Ist die damit gegebene Spiritualität von unten, die auch die Sinnlichkeit des Menschen annimmt und integriert, also auch das volle Ja zu unserer Leiblichkeit und Geschlechtlichkeit, in der Kirche, in uns allen genügend gegeben oder müssen Pferde und Kamele , bildlich gesagt, draußen vor unseren Kirchentüren stehen bleiben?

Nach diesen kritischen Fragen an die Adresse der Kirche möchte ich allerdings auch den heutigen religiösen Sterndeutern ein paar Fragen stellen, damit sie nicht bloß auf der Stelle treten oder in die Irre gehen, sondern ihr Ziel errreichen. Die Magier aus dem Osten nehmen offenbar einen sehr langen Weg auf sich und scheuen keine Mühe und Strapazen, um ihrem Stern zu folgen. Sie lassen sich nicht blenden vom Neonlicht der Konsumtempel oder vom Mercedes-Stern des Komforts; sie lassen sich nicht blenden vom Glanz der Macht des Herodes. Sie lehnen Wegabkürzungen ab und wollen kein künstlich durch Drogen oder andere schnelle Trostpflaster erzeugtes ‚High'-Gefühl. Glaube ist für sie nicht ein subjektiver Schnellmix aus dem Supermarkt der Religionen nach der jeweiligen Bedürfnislage.

Alle modernen Sterndeuter dürfen sich also die Frage stellen, wie weit sie die Mühe eines langen Weges und der damit verbundenen Durststrecken auf sich nehmen, damit ihr Leben Tiefgang bekommt.

Der moderne kirchenlose Sterndeuter mag sich auch fragen, ob es wirklich sein persönlicher Stern, seine Berufung ist oder ob er einem weltlichen ‚Star' nachjagt? Ist sein Weg wirklich der ihm einmalig von Gott zugedachte oder ist er maßgeschneidert nach den Trends und Marken des jeweiligen Zeitgeistes?

Die Magier aus dem Osten waren hellhörig für Gottes Stimme in der Nacht und so kehrten sie auf einem anderen Wege in ihre Heimat zurück. Die modernen Heilssucher sollen sich deshalb auch fragen, ob sie ihre Gottsuche immer wieder zurück führt in ihren Alltag zur Bewältigung ihrer Aufgaben, zurück in ihre Lebenswirklichkeit der Ehe oder Familie. Wer nämlich in seiner Suche nach Heil im Innersten seiner Seele auf Gott trifft, der trifft zugleich auf diese Erde und auf seine Mitmenschen, seitdem Gott im Kinde von Betlehem Mensch geworden ist. Wer sich nur selbst sucht, ist auf dem Irrweg, denn ein Egotrip führt sicherlich nicht nach Betlehem zum Heiland der Welt.

Ich wünsche uns, den Kirchgängern, und den modernen kirchendistanzierten Gottsuchern, daß wir alle auf alle Fälle Suchende bleiben, die wahrscheinlich auch einander auf dieser Suche brauchen und die mehr suchen als sich selbst. Amen.

Taufe des Herrn

Jes 42,5a.1-4.6-7; Mk 1, 7-11 (8.1.2006)

Ich habe an diesem Wochenende vier Taufen. Es ist wohl eher ein schöner Zufall, dass es mit dem heutigen Fest der Taufe des Herrn zusammenfällt.
Ich frage mich, ob es nicht auch ein Zufall war, dass wir alle getauft sind. Unsere Eltern und Paten haben dazu Ja gesagt; die Frage steht jedoch im Raum, ob und inwieweit wir inzwischen aus diesem Zufall eine ganz bewusste Entscheidung gemacht haben. Denn nur der Glaube der Eltern rechtfertigt die Taufe von Kleinkindern. Die Kindertaufe kommt jedoch erst zur vollen Entfaltung, wo im späteren Leben die Getauften dazu ihr bewusstes Ja sagen. Sonst wird allzu leicht aus dem Sakrament der Initiation ein magisches Ritual, das seine Bedeutung zu verlieren droht.

Das bewusste Ja zu unserem Christsein ist in unserer pluralistischen Welt mehr denn je notwendig, denn Christsein ist heute kein Schicksal mehr, sondern freie Wahl. Wer den Zeitpunkt persönlich übersieht, das, was er von den Eltern geerbt hat, auch zu erwerben und zu verinnerlichen, der wird es früher oder später als Ballast über Bord werfen oder es bröckelt wie eine nutzlose Fassade ab. Die Kleinkindtaufe birgt die Gefahr in sich, dass wir uns des großen Glücks der Taufe als Schatz des Lebens gar nicht bewusst werden. Ich weiß, dass Sie nicht hier wären, würden Sie nicht Ihre Taufe schätzen. Aber es tut auch uns gut, den Staub der alltäglichen Selbstverständlichkeit abzuwischen und den ursprünglichen Glanz der Taufe wieder zum Strahlen zu bringen.

Unter den Büchern, die ich zu Weihnachten erhalten und jetzt gelesen habe, heißt eines „Un-glaublich"; Untertitel „Wege zum Glauben". Es schildert beispielhaft die persönlichen Glaubenszeugnisse von 40 Erwachsenen, die in der ehemaligen kommunistisch-atheistischen DDR auf verschiedenste Weise – manchmal auf durchaus ‚unglaublichen' Wegen - zu Gott und zum Glauben gefunden haben und sich taufen ließen.

Hintergrund dieser Zeugnisse ist ein Gottesdienst, zu dem seit Jahren die Taufbewerber des Bistums Magdeburg jeweils zu Beginn der Fastenzeit eingeladen werden. Die Taufbewerber erzählen dabei in einem persönlichen Zeugnis, wie sie zum Glauben gekommen sind und warum sie sich taufen lassen. Zurecht meint Bischof Nowak, der Herausgeber des Buches: „Die Neugetauften sind eine unschätzbare Bereicherung für unsere Kirche. Wir sind die Beschenkten. Diese Glaubensgeschichten dürfen nicht untergehen."

Es sind zumeist junge Leute, die wissen, wovon sie reden. Nicht selten war es die Großmutter, die in Kindestagen ihnen von Gott und Kirche erzählt hat; zunächst schlummerte dieses emotional gespeicherte Wissen lange Zeit, bis sich tiefere Fragen stellten. Meist sind sie in einem atheistischen Milieu aufgewachsen und haben keinen Bezug zu Glaube und Kirche gehabt. Sie haben im Regelfall die kommunistische Jugendweihe und oft die Ausbildung als getreue Parteigenossen mitgemacht. Manche bekennen, ‚Null Ahnung' von geistlichen Themen gehabt zu haben.

Die als Erwachsene Getauften sind nicht die große Menge; sie haben sich aber gegen den großen Strom gestellt und bezeugt: „Nur tote Fische schwimmen mit dem Strom." Es kommt eben nicht primär auf die Quantität an, sondern vor allem auf die Qualität. Keine Statistik kann in Zahlen erfassen, was in einem einzigen Menschen an Vertrauen und Liebe vorhanden ist. Der Mensch will nicht zuerst gezählt, berechnet und kalkuliert werden, wie es Statistiken tun. Er möchte zuerst geliebt und anerkannt werden.

Das Unglaubliche der Liebe Gottes, genau das haben die Taufwerber verspürt! Sie sind „Mystiker", würde Karl Rahner sagen, d.h. „Menschen, die Gott erfahren haben". Kirche kommt in diesen Neugetauften voll und ganz zum Tragen – als Gemeinschaft, die sich nicht selbst genügt, sondern den Menschen in ihrer konkreten oft bedrohten Lage Hoffnung gibt und Leben in Fülle – über die eigenen Möglichkeiten hinaus, denn „bei Gott ist nichts unmöglich".

Beispielhaft erwähne ich einige Anlässe, in denen die Erfahrung Gottes besonders greifbar und konkret wurde. Oft ist es die Begegnung mit Freunden, mit einem neuen gläubigen Partner oder mit einem Pfarrer oder einem anderen Glaubenszeugen, die Licht und Wegweisung in das persönliche Suchen brachte. Auch die positive Neugierde oder eine Erstinformation über das Internet waren hin und wieder eine Spur zur Kirche, denn die Unzufriedenheit mit dem Leben, wie es nun ist, wurde zum Ausgangspunkt für die Suche nach neuem Leben und zur Frage: „Es muss doch mehr geben als alles?!"

Manchmal ist es die eher zufällige, aber bewegende Mitfeier von Gottesdiensten oder das Gefühl, in wichtigen Begebenheiten Schutz erfahren zu haben und einen roten Faden im Leben zu entdecken, die dem Glauben zum Wachstum verhalfen.

Immer wieder machten einige die Erfahrung von Beheimatung, Wärme, Zugehörigkeit und Geborgenheit in der Gemeinschaft der Glaubenden. Einige griffen, müde der Parteipropaganda, zur Bibel und entdeckten darin Antworten auf die sie bedrängenden Fragen nach dem Woher, Wohin und nach dem Sinn des Lebens.

Immer wieder erwähnen die Taufbewerber, dass sie das Bedürfnis erfasst hat, danken zu müssen. So sagt eine 32-jährige Mutter: Das Ja zum Glauben und zur Taufe „kam ... in dem Augenblick, als ich nach der schweren Geburt meinen Sohn zum ersten Mal im Arm hielt. In diesem Moment unendlichen Glücks wollte ich jemandem dafür danken und genau in diesem Augenblick wusste ich, wem ich danken kann und dass ich an Gott glauben kann." (30)

Die Taufe selbst wird sehr oft als „unvergessliches Erlebnis" geschildert, ein Ereignis, das mit neuer Stärke durchs Leben gehen lässt – aus der Gewissheit, nicht mehr allein zu sein und auf Gott vertrauen zu können. So schreibt eine 26-Jährige: „Meine Taufe in der Osternacht war schließlich eines der wichtigsten und einschneidensten Erlebnisse meines Lebens. Ich spürte, dass etwas Neues begann. Ich habe erlebt, dass Glaube durch die Zeit wächst und Sinn gibt und das Leben unendlich bereichert... Ich denke, dass dabei das alltägliche Erleben in der Familie, das Zusammentreffen mit anderen Gläubigen und der regelmäßige Gottesdienstbesuch die wichtigste Rolle spielen." (75)

Ein weiteres Beispiel für viele: „Immer wenn sich die Probleme wie eine Riesenwand auftürmten, stellte ich mir die Frage nach dem Sinn des Lebens. In Motivationsseminaren, Lebensberatungen, Meditation und esoterischer Literatur suchte ich die Antwort zu finden. Ich glaubte an eine Kraft oder Energie, die uns beeinflusst, ich hatte nur keinen Namen dafür..... Wir verloren damals vier uns sehr nahe stehende Menschen, und ich machte sehr bewusst die Erfahrung weltlicher und kirchlicher Trauerfeiern. In den weltlichen konnte ich keinen Trost finden, und ich fasste erstmals den Entschluss, den Kontakt zu einer Kirche herzustellen". Eine gute Freundin und die Gespräche mit dem Pfarrer halfen dabei viel. „Mein Leben hat sich durch die Taufe und Zugehörigkeit zur katholischen Kirche total verändert.... Meine Suche hat ein Ende gefunden; ich fühle mich im Vertrauen auf Gott angekommen." (28f)

Es ist freilich nicht ein Ende in dem Sinne, dass es nicht auch weiter Zweifel und manche Durststrecken gab, aber das in Christus verankerte Urvertrauen hatte sozusagen seine Bewährungsprobe durchstanden und erwies sich als tragfähig auch für die Zukunft. Als große Hilfe wird immer wieder die herzliche Aufnahme in der jeweiligen Pfarrgemeinde erwähnt.

Wie steht es um unser eigenes Taufbewusstsein, bzw., die Erfahrung des Glückes und der Geborgenheit, die daraus folgen? Wie weit geben wir denen, die auf der Suche sind, Zeugnis von einem aufgrund unseres Glaubens gelingenden und glücklichen Lebens? Oder gehören wir zu jenen, von denen Nietzsche sagen würde. „Wenn sie doch erlöster ausschauten!" Können wir auch bezeugen, wie sehr unser Glaube hilft, das Leben zu bewältigen?

Worin liegt eigentlich die Frohbotschaft der Taufe? Vom heutigen Evangelium her, der Taufe Jesu, möchte ich es in drei prägnanten Gedanken zusammenfassen:

Erstens: „Jesus lässt sich von Johannes im Jordan taufen." Das heißt: Gott wird in Jesus ganz solidarisch mit den Menschen in dessen Schwachheit und Sündigkeit. Was auseinander zu brechen droht, wird in der Liebe des Gottmenschen Jesus unwiderruflich zusammengeführt und überbrückt.

Tagtäglich erleben wir die Tatsache der fortschreitenden Entsolidarisierung zwischen Jung und Alt, zwischen der nördlichen und der südlichen Halbkugel, zwischen Arm und Reich, zwischen den Migrationsströmen und den Festungsmauern der Asyl- und Einwanderungsgesetze, zwischen den Mächtigen und den Ohnmächtigen. In Jesus Christus gibt es nicht Juden und Griechen, Sklave und Freie, Mann und Frau, also keine rassischen, sozialen und sexistischen Vorurteile, sondern alle sind durch seine Solidarität eins.

Zweitens: „Als er aus dem Wasser steig, sah er, dass der Himmel sich öffnete."
Der offene Himmel bleibt kein unerreichbarer Traum, sondern konkrete Verheißung, nicht als Vertröstung auf das Jenseits, sondern als Kraft für das Diesseits. Dieses Leben ist letzlich keine Odyssee oder Ausweglosigkeit, sondern ein Weg mit einem guten Ziel, mit einer ewigen Vollendung.

Drittens: „Eine Stimme aus dem Himmel sprach: Du bist mein geliebtes Kind, an dir habe ich Gefallen." Jede und jeder hat absolute Würde und Gott selbst hat sich in Jesus verbürgt, dass diese Würde bleibt bis ins ewige Leben. Ich bin mehr als ich habe, konsumiere und produziere, weil ich Gottes bedingungslos geliebtes Kind bin.

Das alles feiern wir in der Taufe und wird darin besiegelt, auf dass es uns ein Leben lang Kraft, Halt und Vertrauen gebe. Mögen wir immer wieder neu etwas von diesem Schatz unseres Glaubens bereichernd verspüren! Amen.

2. Sonntag

1 Sam 3,3b-10,19; Joh 1,35-42 (15.1.2012)

Einstieg: Videoclip „Oba sonst?" von Günther Leiner (=Gausl)(vgl. Diözesanhomepage 7.1.2012)

Oba sonst?! - Ja, so wie der Kabarettist Günther Lainer in diesem Video-Clip fragt, was denn die Kirche heute zu bedeuten habe und überall es mit den Worten „Aber sonst?" hinterfragt, so haben sich auch wohl in unserer Stadt

schon viele gefragt. Was der andere sagt, haben sie entweder selbstverständlich genommen - oder auch nicht hören wollen, weil ihre Meinung, die Kirche nicht zu brauchen, schon vorher aus anderen Gründen gefallen ist.
Auch im vergangenen Jahr sind leider wieder 50 Menschen der Pfarre aus der Kirche ausgetreten, weil sie ihnen angeblich nichts gibt.
Mit Schuld sind gewiss manche Fehler beim ‚Bodenpersonal', die nicht zu beschönigen sind. Da leiden wir ja alle mit. Nicht selten sind diese Fehler freilich auch ein willkommener Anlass, die eigene Entscheidung zu rechtfertigen anstatt es selbst besser zu machen oder auch aufzutreten statt auszutreten. Viele waren wohl nicht mehr auf dem Wege mit dem Volk Gottes und konnten deshalb auch keine persönlichen Erfahrungen machen; oft beziehen sie ihr Wissen nur noch aus der Boulevard-Presse; da gilt meist „good news no news". Oba sonst?! Manchen reicht keine Antwort und wir haben das zu respektieren.
Die Kirchenaustritte sind aber immer auch eine Anfrage für uns Kirchgänger, was denn falsch läuft oder, positiv gesagt, warum wir trotzdem meinen, dass es gut ist, dass es die Kirche, die Pfarre gibt.
Was motiviert uns selbst, lebendige Steine dieser Kirche, konkret unserer Pfarre zu sein?

Der momentane Reformstau macht auch Insidern heute nicht wenig zu schaffen!
Wir sind das wandernde Volk Gottes, wie das Konzil sagt. Das heißt aber auch, dass wir aufgrund unserer menschlichen Schwächen ein „hatschertes", also oft fußmarodes oder manchmal gottvergessenes Volk Gottes sind, das gelegentlich um sich selbst kreist statt uns von Gott als Hirten leiten zu lassen.
Auch unsere Sehnsucht nach einer offenen und menschenfreundlichen Kirche ist Ausdruck, dass der Heilige Geist die Kirche nicht verlassen hat. Wir machen offenbar als Gemeinschaft und als Einzelne auch die Erfahrung und wir haben

die Gewissheit, dass Gott unseren Weg begleitet und selbst auf krummen Zeilen der Kirche und des eigenen Lebens letztendlich gerade schreibt.

Wir sind auch dankbar, dass der Kirche vieles von Gott geschenkt ist, was nicht im luftleeren Raum schwebt, sondern ihr anvertraut ist, durch die Zeit hin zu tragen und zu verkünden: das Evangelium als frohe Botschaft für alle Menschen, die Bibel, die Sakramente, den Glauben.

Zwei Beispiele: Die Taufe mag ich als Pfarrer spenden, aber das ist nicht mein Machwerk, sondern darin verbürgt sich Gott selbst in Jesus: wir haben eine unendlichen Mehrwert als Kinder Gottes; im eucharistischen Brot schenkt sich Christus selbst, unabhängig von der Würdigkeit dessen, der der Feier vorsteht.

Berufung haben aber nicht nur geistliche Berufe, sondern alle Getauften. Diese Berufung auch umzusetzen in Mitverantwortung, dazu will uns die heurige PGR-Wahl wieder einladen.

Berufungen geschehen nicht im Sturm eines heißen Windes, nicht im Strohfeuer des Events oder im Erdbeben des Zwanges, sondern in der Freiheit und Einfachheit eines leisen Säuselns (vgl. 1 Kön 19).

Um Gottes Stimme in der Vielzahl der Geräusche damals und heute zu erkennen, bedarf es, wie es die Lesung heute von Samuel schildert, des Abstandes zum eigenen Tun und Wirken, der Stille der Nacht, des Vertrauens im Schlafe. Oft ist es auch ein Mitmensch, der mir meine Erfahrung zu deuten hilft, etwa der Priester Eli für Samuel, oder es ist ein „Zufall, der (wie ich gerne sage) sich als Pseudonym Gottes erweist, wo er nicht persönlich unterschreibt".

Das Evangelium beschreibt ein Ereignis, in dem zwei Menschen das Wort des Johannes hören und daraufhin Jesus fragen. „Wo wohnst Du?" und sie folgen seiner Einladung: „Kommt und seht." Auch Simon, der spätere Petrus, fand so zu Jesus und blieb bei ihm. Diese Jünger Jesu erfahren, dass es gut ist, bei Jesus zu sein.

Das ist wohl auch unsere Erfahrung, dass es gut ist, bei Jesus und in der Gemeinschaft der Jesus-Jünger zu sein. Ohne dieses Bei-Jesus-Sein und das Gespür, dass es bei ihm gut sein ist, werden die Kirche als ganze und jeder Einzelne schnell den Atem verlieren; die von ihm berufene Gemeinschaft (das heißt Kirche = Ekklesia) wäre ohne Garantie auf Bestand. So wie Jesus selbst immer wieder in die Stille, auf den Berg, in die Nacht ging, um bei seinem Vater zu sein und Kraft zu schöpfen, so ist dieses Bei-Jesus-Sein Voraussetzung und Fundament alles Gut-Seins einer Pfarre.

Ich freue mich, dass viele bei uns erleben: „Gut, dass es die Pfarre gibt", wie das Motto der heurigen PGR-Wahl lautet. Diese Erfahrung ist wohl in der Verkündigung der Frohbotschaft, in der Feier unserer Gottesdienste und in der daraus entstehenden Solidargemeinschaft im Alltag begründet. So sehr wir in der Pfarre zueinander stehen, freundschaftliche Beziehungen wachsen und einander gerne sehen, wäre es jedoch nicht gut, wenn die Pfarre für uns nur eine Kuschelecke wäre, eine netter Ort der Begegnung, von dem bloß etwas für die eigene Frömmigkeit oder für unseren eigenen seelischen Schrebergarten abfällt. Dazu reicht auch ein anderer Freundes- oder Hobby-Kreis.

Am Berg Tabor sagten die drei Jünger „Hier ist es gut sein! Hier lasst uns drei Hütten bauen!" Sie mussten jedoch hinab in die Niederungen des Alltags, um aus der Begegnung mit Gott heraus die Welt zu gestalten. Überall dort, wo jemand in der Kirche drei Hütten bauen will, pointiert gesagt: eine für sich und zwei für den Proviant, wird Kirche unglaubwürdig. Überall, wo ich nur an den eigenen geistlichen Nutzen denke, wäre es nicht gut; auch dort ist es nicht gut, wo jemand in der Kirche Karriere oder Heilige Macht sucht. Kirche und Pfarre dürfen keine Selbstversorgerhütte sein, sondern müssen Brot für das Leben der Welt sein.

Der erste Schritt ist und bleibt, bei ihm zu sein und dies als gut zu erleben, weil wir bei ihm Urvertrauen schöpfen und er uns als Gemeinschaft begründet. Damit es aber wirklich gut ist, dass es die Pfarre gibt, muss die Pfarre dieses Gut-sein im Alltag umsetzen, denn „Eine Kirche, die nicht dient, dient zu nichts" Das entspricht auch dem, was die Menschen von der Kirche erwarten. Als die oö. Bevölkerung nach ihren Erwartungen an die Kirche gefragt wurde, antworteten 70% mit „Dass sie Menschen, die in Not geraten sind, hilft". Die Kirche soll sich nach Meinung von 58% zu sozialen Themen zu Wort melden.

Die Erwartungen an die Pfarren drehen sich darum, dass Sakramente wie Hochzeit und Taufe in der eigenen Pfarre gefeiert werden können, dass man bei Schicksalsschlägen Unterstützung und Beistand bekommt und dass man Gemeinschaft spürt und Seelsorge erlebt. Als Beispiel, dass dies auch in unserer Pfarre vielfach geschieht, nenne ich nur die zahlreichen Besuchsdienst und die vielen karitativen Hilfestellungen.

Diese Erwartungen entsprechen durchaus dem, was Jesus wollte und wodurch die Menschen erlebt haben, dass es gut ist, bei ihm zu sein.
Ich bin überzeugt: In dem Maße, wie wir heute diesem Auftrag Jesu entsprechen, ist es wirklich gut, dass es die Pfarre gibt. Christliche Gemeinden sind ja, wie Paul Michael Zulehner nachweist, „Orte, in denen das Leben, die Liebe und der Tod in guten Händen sind."
So lange wir diesen Dienst den Menschen heute aus der Kraft unseres Glaubens zu geben versuchen, ist mir nicht bange um die Zukunft der Kirche und der Pfarre. Wir brauchen keine Angst haben, dass wir selbst dabei zu kurz kommen, denn die Liebe allein hat einen alles überdauernden Atem.
Zu Jesu Zeiten ist der Zöllner Zachäus, also der religiös Distanzierte, auf den Baum gestiegen, um aus scheuer Distanz doch Jesus kennen zu lernen. Offenbar hatte er durch dessen Jünger über ihn Gutes gehört. Ich bin

überzeugt, dass es auch heute viele solche distanzierte und doch letztlich suchende Menschen gibt, die auch heute durch uns und unsere pfarrliche Gemeinschaft glaubwürdig von diesem Jesus hören wollen. Dann stimmt: „Gut, dass es die Pfarre gibt!"
Manche werden immer noch sagen „Oba sonst?" Etwa in dem Sinne: „Mehr hast du nicht zu sagen?" Meine Antwort: „Weniger nicht!" Amen.

6. Sonntag
Lev 13,1-2.43ac.44ab.45-46; Mk 1,40-45 (12.2.2012)

Einmal in meinem Leben habe ich Aussätzige, also Leprakranke gesehen, und zwar in Simbabwe in der Nähe der Hauptstadt Harare. Es war im Jahre 1995 bei einem Besuch der oberösterreichischen Schwester Bertholde Polterauer, die in dieser Leprastation tätig war.
Bei Sr. Hildegard Enzenhofer in Qubeibe-Emmaus in Palästina habe ich Menschen gesehen, die von ihren Familien ob deren psychischen Defekten ausgesetzt wurden und jahrelang völlig isoliert etwa in Höhlen lebten. Die Schwestern haben sie gefunden und in ihr Heim aufgenommen, um ihnen ein Stück Menschlichkeit wieder zu schenken.

Es stellen sich schwierige Fragen bis heute – zwei Tage nach dem Welttag der Kranken. Es ist verständlich, dass es bei ansteckenden Krankheiten sinnvolle Vorsichtsmaßnahmen und eine gewisse Quarantäne geben muss. Aber wie soll man mit solchen Menschen als Menschen umgehen? Wie sollen wir mit schwerer Krankheit überhaupt umgehen? Wie geht Jesus damit um?
Es gibt meines Erachtens zwei Extreme.
Da gibt es die einen, die meinen, es genüge zu beten oder zu einem Wallfahrtsort zu fahren, damit dieser oder jener Mensch oder ich selbst gesund

werden. Beten muss dabei gar nicht missbraucht werden wie zwei Gesundbeterinnen in Wien, die erst kürzlich fürs Beten ordentlich abkassiert haben!
Da gibt es auch die anderen, die meinen, die Mediziner oder die Psychologen mit ihrem Fachwissen genügten und Priester und SeelsorgerInnen seien hier sowieso fehl am Platze und überflüssig.
Dahinter steht also die schwierige Frage der Beziehung zwischen Medizin, bzw. Psychotherapie und Seelsorge. Der Blick auf die Lesungen sagt m.E. klar, dass die beiden genannten Extreme beide Holzwege sind und dass die beiden genannten Dimensionen zusammengehören, freilich auch im gegenseitigen Respekt vor der jeweiligen Kompetenz des anderen. Anders gesagt: Schuster, bleib bei deinem Leisten!

Die Anordnungen des Alten Testaments, wie wir sie in der Lesung hörten, besagen, dass der Aussätzige nicht nur aus medizinischen Gründen isoliert wird, sondern dass er auch durch die Untersuchung der Priester kultisch für unrein erklärt wird, d.h. - für uns schwer verständlich - dass er sogar aus der Gottesdienstgemeinschaft ausgeschlossen wird. Die Kleidervorschriften weisen auf Trauerriten hin, denn der Aussätzige gehört schon halb dem Reich des Todes an. Die Mediziner mögen vieles bewirken, aber sie sind keine „Götter in Weiß", die selbst den Tod besiegen könnten. Aus diesem Bereich zu befreien, bedarf es einer Erlösung, die Gott allein zu bewirken vermag!
Diese letztlich göttliche Dimension kommt im Evangelium zu tragen. Heilungen Jesu sind keine Magie und Zaubertricks, keine Wunder als Mirakel, sondern Zeichen des Wirkens Gottes.
Jesus, Gottes Wort in unsere Welt gesprochen als endgültiges Wort der Liebe, „hatte Mitleid mit dem Aussätzigen; er streckte die Hand aus, berührte ihn und sagte: Ich will es – werde rein! Im gleichen Augenblick verschwand der Aussatz

und der Mann war rein." Gott selbst nimmt die Gemeinschaft mit dem sozial und religiös ausgeschlossenen Menschen auf – nicht indem er ein Rezept oder Medikament verabreicht, sondern indem er ihm seine ganze Zuwendung und Liebe schenkt.

Jesus reagiert für die damalige Zeit überraschend neu; er grenzt niemand aus; im Gegenteil, er überbrückt streichelnd den Abstand zu dem geschundenen Menschen, stellt sich auf seine Seite, nimmt ihn auf in seine Gemeinschaft und schenkt ihm seine Würde als Gottes geliebtes Kind wieder. Er hält ihn, weil er ihn aushält. Er kann ihn gut leiden, weil er ihn liebt.

Man mag dem Christentum so manches nachsagen, aber eines hat es im Erbe Jesu nie ganz vergessen, sondern immer wieder gelebt: das Mitleid, die Liebe. Deshalb sagt etwa Heinrich Böll einmal auf die Frage, wie eine Welt ohne Christus aussähe: " Ich überlasse es jedem einzelnen, sich den Alptraum einer heidnischen Welt vorzustellen oder einer Welt, in der Gottlosigkeit konsequent praktiziert würde: den Menschen in die Hände des Menschen fallen zu lassen. Nirgendwo im Evangelium finde ich eine Rechtfertigung für Unterdrückung, Mord, Gewalt .... Ich weiß: die Geschichte der Kirchen ist voller Gräuel; Mord, Unterdrückung, Terror wurden ausgeübt und vollzogen, aber es gab auch Franziskus, Vincent, Katharina – (usw.) ... Selbst die allerschlechteste christliche Welt würde ich der besten heidnischen Welt vorziehen, weil es in einer christlichen Welt Raum gibt für die, denen keine heidnische Welt je Raum gab: für Krüppel und Kranke, Alte und Schwache, und mehr noch als Raum gab es für sie Liebe, für die, die der heidnischen wie der gottlosen Welt nutzlos erschienen und erscheinen." (Was halten Sie vom Christentum? List Bücher 105, München 1961,22)

Das medizinische Fachwissen der Ärzte ist ganz wichtig, aber doch letztlich sehr unzureichend ohne ein gutes Wort und eine zarte Geste des Mitgefühls.

Mutter Teresa hat es so auf den Punkt gebracht: „Liebe und Zärtlichkeit sind die beste Medizin."

Auch heute sind kranke Menschen, nicht nur jene mit ansteckender Krankheit, irgendwie ausgegrenzt. Statt zu produzieren verursachen sie nur Kosten. Als chronisch Kranker steht man schnell im Abseits. Als etwa HIV-Infizierter verschweigt man am besten seine Krankheit, um etwa den Arbeitsplatz nicht zu verlieren.

In Jesus berührt uns Gott. Ich danke allen, die diese heilende Berührung Gottes als Auftrag Christi zumal den Kranken heute weiterschenken. Ich denke an die Familien, die Kranke pflegen; ich denke aber auch an alle, die in unserer Pfarre durch den Besuchsdienst in den Krankenhäusern und Seniorenheimen nicht Medikamente austeilen, aber vorbehaltlos Liebe und Zärtlichkeit, Zuwendung und Zeit schenken.

Jesus allein ist der, der unsere Endlichkeit in die Unendlichkeit des Lebens bei ihm wandeln und unsere Sündigkeit heilend und versöhnend umfangen kann. Man hat manchmal den Eindruck, dass die Psychotherapeuten die Aufgabe der Beichtväter übernommen haben. Psychotherapeuten können sehr wohl helfen, Selbsterkenntnis zu fördern, Schuldprozesse zu verstehen und von falschen und krankmachenden Schuldgefühlen zu befreien. Sie haben jedoch ihre Grenzen darin, dass sie keine Vergebung zusagen können.

Der christliche Glaube kann aufgrund des gläubigen Vertrauens tatsächlich Ängste nehmen und positive Rückwirkungen auch auf die leibliche Gesundheit haben. Der Dienst der Versöhnung kann von Gott her Vergebung wirksam zusagen, aber Glaube und auch Beichte haben ihre Grenze darin, dass sie kein Allheil-Mittel für organische oder psychische Erkrankungen sind. Wenn heute viele Menschen in den Fernseh-Talkshows oft persönliche Geheimnisse einer anonymen Öffentlichkeit preisgeben, so geschieht dort keine Vergebung, sondern kurzfristige Aufmerksamkeit durch die Zuseher, die als Voyeurs helfen, die Einschaltquoten zu erhöhen.

Ich bin überzeugt: „Der Mensch ist unheilbar religiös" (Nikolai Berdjajew) Diese Wunde vermag kein Arzt zu heilen, sondern Gott allein. Unser Leben bleibt ein Fragment, eine „große Unvollendete", was immer die Medizin noch an Fortschritt bringen mag. In diesen Punkten hier kommt der bleibende Unterschied zwischen der modernen Psychokultur und der Seelsorge deutlich zum Ausdruck.

Noch ein Wort zum sonderbaren Gebot Jesu an den Geheilten, es nicht weiterzusagen. Der Evangelist Markus will durch dieses so genannte Messiasgeheimnis verhindern, dass Jesus missverstanden werde etwa als ein politischer Messias, der die römische Besatzungsmacht hinauswirft, oder nur als ein Sozialrevolutionär. Erst nachdem er den Weg der Solidarität und der Liebe zu uns Menschen bis zum äußersten, bis in den Tod gegangen ist und alles in der Auferstehung vom Sieg der Liebe und des Lebens gekrönt ist, wird offenbar, welcher Art von Messias ist. Genau das feiern wir jetzt als „Geheimnis des Glaubens" – zur Vergebung der Sünden und zur Stärkung unserer Hoffnung auf die Fülle des Lebens bei Gott. Lassen wir uns von Jesus heilend und aufrichtend berühren! Amen.

7. Sonntag
2Kor 1,18-22; Mk 2,1-12 (19.2.2012) Fasching

Die Umfragen des Meinungsforschungsinstitutes IMAS in diesem Jahr zeigen, dass immer mehr Österreicher meinen: Es hängt aufgrund der Finanzkrise ein Damoklesschwert über unserem Wohlstand und, obwohl es uns besser geht wie den meisten Europäern, durchleben wir eine Gegenwart voller

Schwierigkeiten. Man könnte also daraus folgern: Wir haben keinen Grund zum Lachen und zum Frohsein, keine gute Voraussetzung zum Fasching!

Ich meine dagegen: Umso mehr sollten wir nicht auf die Schwester unseres Glaubens verzichten, auf den Humor. Dieser ist gerade in schwierigen Zeiten immer wieder eine Überlebenswaffe. Der Humor hat zutiefst christliche Wurzeln; es ist übrigens der Humor, der Bigotterie und Fanatismus verhindert.

Freuen kann ich mich, wenn ich voll und ganz, ohne wenn und Aber bejaht und geliebt bin, also ein festes Fundament unter meinen Füßen, einen Rettungsschirm, der mehr taugt als den, den die EU bastelt. Darum sollten wir auf Johannes XXIII hören, der vor 50 Jahren bei der Eröffnung des Konzils sagte: „Es dringen betrübliche Stimmen an unser Ohr, die zwar von großem Eifer, doch nicht von Klugheit und für das rechte Maß zeugen. … Doch wir können diesen Unglückspropheten nicht zustimmen."

Vom Grund solchen Vertrauens spricht Paulus in der Lesung: Im Gegensatz zu allem Nein oder J-ein ist in Jesus Christus „das Ja verwirklicht … zu allem, was Gott verheißen hat". Es sind nicht wir, die wir zu allem „Ja und Amen" sagen, etwa zu allem, was von der kirchlichen Hierarchie kommt, sondern viel wichtiger ist, dass Gott zuerst zu uns trotz mancher unserer feigen Kompromisse und trotz des Nein der Sünde in Jesus unwiderruflich und unaufhaltsam JA sagt. Darauf darf unsere Antwort wirklich „Ja und Amen" sein. Wir sind Ja-Sager, weil wir zu diesem Gott als Freund und Liebhaber des Lebens Ja sagen. Jesus ist gekommen, damit die Freude in uns sei und die Freude vollkommen werde. Frohbotschaft heißt seine Kunde!

Es gibt nicht nur leibliche Lähmung, von der heute im Evangelium die Rede ist. Lähmen tut alles, wo wir die Macht über unser Gehwerk, aber auch über unsere seelische Verfassung zu verlieren drohen, also auch Angst und Einsamkeit lähmen.

Ich bin überzeugt, wir können alle vom Einfallsreichtum und der handwerklichen Meisterleistung der Freunde des Gelähmten lernen. Not macht offenbar erfinderisch. Über die im vorderen Orient übliche Haustreppe sind die Freunde auf das Flachdach gestiegen und haben die Decke durchbrochen. Jesus wird vor der unvorhergesehenen seltsamen Luftfracht eines Menschen auf einer sperrigen Tragbahre gestaunt haben!

Nicht von ungefähr freuen sich besonders Kinder, diese Szene zu malen oder nachzuspielen. Rein rechtlich handelt es sich um eine größere Sachbeschädigung. Jedenfalls geht es um Menschen mit ‚Dachschaden'. Entschuldigung, um Menschen, die Dachschaden verursachen. Jesus lässt diesen Hausfriedensbruch zu; er schenkt dem Gelähmten nicht nur medizinische Hilfe, sondern er sagt ganz Ja zu ihm. Er gibt ihm in der Vergebung der Sünden und in der körperlichen Heilung ganzheitlichen Frieden für Seele und Leib. Das ist eine Zusage, die letztlich uns allen gilt.

Wir haben also Grund froh zu sein und zu lachen. Das meint Jesu wohl auch, wenn er uns die Kinder als Vorbild hinstellt, denn Kinder lachen durchschnittlich 400 Mal pro Tag, während ein Erwachsener nur knapp 20 Mal lacht. Die ‚Gelotologie', die Wissenschaft vom Lachen, hat ja festgestellt, dass Lachen sehr gesund ist:

Lachen aktiviert 17 Muskeln allein in der Gesichtszone, 80 im ganzen Körper. Die Luft schießt beim Lachen mit bis zu 100 km/h durch die Lunge. Stresshormone werden dadurch abgebaut und Glückshormone vermehrt. Wussten Sie, dass 1 Minute Lachen ebenso erfrischend sein soll wie 45 Minuten Entspannungstraining? Lachen macht also richtig fit!

Die Frauen sind beneidenswert, denn der Mann lacht mit mindestens 280 Schwingungen pro Sekunde, eine Frau dagegen sogar mit 500. Vielleicht sind deshalb Frauen oft kontaktfreudiger und sozial engagierter.

Übrigens wissen Sie, warum das Volk Israel unter der Führung des Mose 40 Jahre lang durch die Wüste wanderte? Ist doch klar: Weil Männer sich genieren, unterwegs nach dem richtigen Weg zu fragen!

Sie dürfen also lachen oder wenigstens schmunzeln. Beides ist in der Kirche nicht nur erlaubt, sondern immer wieder auch angebracht, denn, wie gesagt, Humor ist die Schwester des Glaubens. Sie dürfen auch aus Ehrfurcht vor dem Alter mancher Witze, wenn Sie wollen, aufstehen.

Mose erinnert mich an drei Männer, die einen Fluss überqueren wollen. Der erste bittet Gott um die nötige Kraft. Pfft – und er hat lange Arme und starke Beine. Mühsam gelingt die Überquerung. Der zweite bittet Gott um das nötige Werkzeug. Pfft – und er hat einen Bottich. Mühsam gelingt damit die Überquerung. Der dritte bittet Gott um die nötige Intelligenz. Pfft – und er verwandelt sich in eine Frau. Die wirft einen Blick auf die Landkarte, wandert ein Stück flussaufwärts und geht gemütlich über die Brücke.

Wie nennt man einen Mann, der 75 Prozent seines Denkvermögens verloren hat? – Witwer.

Damit mir die Männer nicht böse sind, noch eine Ergänzung: Einige Tage nach seiner Erschaffung fühlte sich Adam im Garten Eden einsam und beschwerte sich bei Gott. Dieser bot ihm an: „Ich werde ein attraktives, intelligentes, einfühlsames Lebewesen erschaffen, das dich fortan begleiten soll." Adam, schon leicht misstrauisch: „Und was kostet mich das?" Darauf Gott: „Das Augenlicht, den linken Arm und den rechten Fuß". Darauf Adam: „Ach nein, das ist es mir nicht wert. Was bekomme ich denn – sagen wir mal – für eine Rippe?"

Wissen Sie, was eine Besteck-Ehe ist? Nun, zuerst gabelt sie ihn auf, sodann nimmt sie ihm die Schneid; dann hat sie den Löffel.

Zwei Rentnerpaare sind mit einem großen Mercedes auf der Autobahn unterwegs und fahren ständig nicht mehr als 81 km/h. Ein Polizist hält das Auto an, weil ihm das so verdächtig vorkommt. Der Opa fragt verdutzt: „Waren wir zu schnell, Herr Wachmeister?" Polizist: „Nein, im Gegenteil, Sie fahren auffallend langsam!" Opa: „Darf man denn hier schneller fahren." Polizist geduldig: „Ich denke, 120-130 kann man hier richtig fahren." Opa: „Aber auf den Schildern steht doch dauernd: A 81!" Polizist erstaunt: „Ja, und? Was meinen Sie?" Opa:" Na, da muss ich doch auch wohl 81 km/h schnell fahren". Polizist höflich:" Nein, das ist doch nur die Nummer der Autobahn." Opa: „Ach so, vielen Dank für den Hinweis!" Der Polizist schaut vorsichtshalber noch auf die Rückbank des Autos und sieht dort zwei stocksteif sitzende Omis mit weit aufgerissenen Augen. Da fragt der Polizist fürsorglich die beiden Rentner: „Was ist denn mit den zwei Damen da hinten los? Ist den Damen nicht gut?" Da sagt der andere Opa: „Doch, doch, alles in Ordnung. Nur, wir kommen nur gerade von der B 252!"

Unsere Pastoralassistentin hat einen Hund namens Charly. Sie, wurde mir gesagt, ging in eine Zoohandlung und sagte: „Ich hätte gerne einen lieben kleinen Dackel für meinen Pfarrer." „Das tut mir leid", antwortete der Tierhändler höflich, „ich hätte zwar einen außerordentlich liebenswerten kleinen Dackel, aber haben Sie Verständnis dafür, dass wir grundsätzlich keine Tauschgeschäfte machen."

Die kleine Sabine ist zum ersten Mal beim Aschermittwochsgottesdienst dabei und war sehr beeindruckt. Daheim angekommen, fragt sie sofort ihre Mutter. „Du, Mami, stimmt es wirklich, dass alle Menschen zu Staub werden, wenn sie gestorben sind?" Die Mutter antwortet: „Ja, Sabine, das stimmt!" Nach einer kleinen Denkpause meint die Kleine: „Wenn das so ist, dann müssen unter Omas Bett aber schon viele Menschen gestorben sein!"

Sabine hat auch Fragen an den lieben Gott: „Lieber Gott, sollte die Giraffe wirklich so aussehen, wie sie ist, oder war das eine Panne?"

Wissen Sie übrigens, warum der Hals der Giraffe so lang ist? – Weil der Kopf so weit oben ist!

Frau Meier zu ihrer Nachbarin: „Eben höre ich, dass der alte Müller gestorben ist. Der Tod hat ihn im Schlaf überrascht!" – Die Nachbarin darauf: „Schrecklich – er weiß also gar nichts davon."

Kennen sie den Vornamen vom Teufel? Pfui!

Und den des Rehs? Kartoffelpü.

Den Familiennamen von Jesus? Owi (Jesus Owi lacht).

Zum Abschluss: „Deutsche Sprache schwere Sprache". Folgende Redensarten könnten missverstanden werden:

Der Pfarrer segnet das Zeitliche.

Der Gärtner beißt ins Gras.

Der Koch gibt den Löffel ab.

Den Elektriker trifft der Schlag.

Der Schaffner liegt in den letzten Zügen.

Der Zahnarzt hinterlässt eine schmerzliche Lücke.

Der Gemüsehändler schaut sich die Radieschen von unten an.

Die Putzfrau kehrt nie wieder.

Der Anwalt steht vor dem Jüngsten Gericht.

Der Autohändler kommt unter die Räder.

Der Förster geht in die ewigen Jagdgründe ein.

Der Gynäkologe scheidet dahin.

Der Optiker schließt für immer die Augen.

Der Wanderer geht von dannen.

Wie viel schöner ist dagegen unsere oberösterreichische Mundart, vor allem in der Konjugation unregelmäßiger Zeitwörter. Ich erwähne als Beispiel das Wort „weinen": Ich weine, du weinst usw. Wir dagegen sagen: Ich weine, du flenst, er tränst, wir rehrn, ihr plärts, sie platzen.

Aschermittwoch

2Kor 5,20-6,2;Mt 6,1-6.16-18 (22.2.2012)

Mit dem heutigen Tag beginnt die Fastenzeit – oder, wie es liturgisch richtiger heißt, die österliche Bußzeit. Nun, mit Fasten kann man heute fast wieder mehr anfangen, denn damit verbinden doch viele wieder eine gesündere Ernährung, bei der Fleisch nicht so im Vordergrund steht, und bei der Weniger mehr sein kann. Mit Buße hingegen verbindet man eher negative Assoziationen; im profanen Leben denkt mancher vielleicht an ein lästiges Strafmandat der Polizei z.B. für Zu-schnell-Fahren.

Der alte lateinische Name für diese Zeit heißt „Quadragesima", d.h. die vierzig Tage. Dadurch bekommt das Ganze sowohl einen biblischen als auch einen psychologischen Bezug. Die Zahl 40, die in der Bibel immer wieder vorkommt, deutet darauf hin, dass in dieser Zeit etwas Wichtiges heranreifen soll. Wer denkt nicht unmittelbar etwa an die ‚Lebensmitte' um 40 und die damit verbundene ‚Midlife Crisis', die jede/r irgendwie durchgehen muss, um reifer und erfahrener den nächsten Lebensabschnitt anzugehen?

Der Psychologe Ericson sagt, dass man um dieses Alter reif sein sollte, nicht mehr nur die Schuld bei anderen zu sehen und sich dadurch zu entschuldigen, sondern wahrzunehmen, dass es etwa in der Geschichte jedes Volkes, jeder Familie und jedes einzelnen Menschen auch dunkle Stellen gibt, die man wahrnehmen und annehmen und mit denen man sich versöhnen sollte, um reifer zu werden.

Ich sehe die österliche Bußzeit in diesem Sinne als eine geprägte Zeit, deren Charakteristikum ist, auch in meinem Leben Fehler und Schuld wahrzunehmen und einzugestehen. Der Mensch kann nicht immer alles zugleich und noch dazu gleich intensiv tun. Das Kirchenjahr verteilt deshalb die verschiedenen Akzente gelingenden Mensch- und Christseins in einer weisen Pädagogik auf verschiedene Zeiten des Kirchenjahres.

Bei sich selbst Fehler wahrzunehmen und einzugestehen ist schwer genug. Dies ist nur der erste Schritt, der freilich schon „Mut" braucht. Wir haben als Motto für diese 40 Tage „Mut" gewählt und dazu das Bild von Sieger Köder mit dem Ministranten ausgewählt, der sich gleichsam in einem geschickten Stabhochsprung an der Straßenlampe über die Mauer hechtet. Der Künstler sieht in dem Bild eine Illustration für das Psalmwort: „Mit meinem Gott überspringe ich Mauern" (Ps 18,30) - Mauern des Vorurteils, der Ausgrenzung, des Egoismus – hin zum Du.

Ich wünsche mir, dass Christen nicht unbedingt Wutbürger sind, sondern vielmehr „Mut-Bürger". Dessen bedarf es, um von einer Lebensphase in die andere hinüberzugehen und dadurch reifer zu werden. Der Psychologe Ericson nennt etwa die erste Lebensphase jene, in der das Urvertrauen (basic trust) wachsen sollte, gerade auch indem das Kind die ersten Schritte der Abnabelung von den Eltern mit einem gewissen Vorschussvertrauen geht. Die letzte Phase, in der man die Weisheit des Lebens im Alter gesammelt hat, nennt er die Phase der Integrität. Man braucht im Übergang von einer Phase zur anderen jeweils Mut, denn ich weiß nicht, was auf mich zukommt, etwa in der Phase der Identitätsfindung während er Pubertät und Adoleszenz, oder in der Phase der Intimität oder der Parterfindung oder in der Phase der Generativität, also in der Zeit der Kinderzeugung. Nur mit einem Vorschussvertrauen, ohne es im Griff zu haben, also nur mit Mut gelingt der Übergang in die nächste Lebensphase und die damit verbundene Reife.

Jede neue Lebensphase mag mit der Ver-mut-ung verbunden sein, ihr nicht gewachsen zu sein, anfänglich vielleicht mit Angst besetzt und sich absichern zu müssen, aber wehe ich lasse mich auf diese Zu-mut-ung nicht ein! Wer nicht vorwärts geht, geht automatisch zurück; er regrediert.

Die 40 Tage der Quadragesima sind für mich eine quasi jährliche Einübung zu diesem Mut eines Neuanfangs, der zum Reifen und Gelingen des Lebens unbedingt notwendig ist.

Ich möchte heute den zentralen Satz des Vaterunsers beispielhaft für die Wichtigkeit herausgreifen, Mauern zu überspringen und neu anzufangen: „Vergib uns unsere Schuld wie auch wir vergeben unseren Schuldigern!" - Es ist damit der in der Lesung von Paulus angesprochene Dienst der Versöhnung gemeint. Wir sind alle an die Vergebung Gottes angewiesen, deshalb aber auch gut beraten, gegen andere nicht hartherzig zu sein, sondern barmherzig wie Gott gegen uns barmherzig ist, ihm nicht nur siebenmal, sondern siebenundsiebzigmal zu vergeben (Mt 18,22).

Viel drastischer kann Jesus dies nicht betonen als er es in dem Gleichnis vom unbarmherzigen Gläubiger tut, dem die Schuld von zehntausend Talenten erlassen wird, während er selbst den anderen Diener wegen hundert Denare, einer Kleinigkeit, ins Gefängnis wirft! „Hättest nicht auch du mit jenem, der gemeinsam mit dir im Dienst steht, erbarmen haben müssen, so wie ich mit dir Erbarmen hatte?" (Mt18,33) Ein andermal sagt Jesus, dass die Versöhnung mit dem Mitmenschen wichtiger sei als die Opfergabe am Altar.

Wir Menschen können wohl nie friedlich zusammenleben, wenn wir nicht einander die Möglichkeit eines Neuanfangs einräumen. Es braucht unter uns Menschen diesen Geist des Neuanfangs, damit nicht der Mensch dem Menschen ein Wolf wird (homo homini lupus), sondern ein Mitmensch, der um seine und die Fehleranfälligkeit des anderen weiß und ihm deshalb entgegenkommt.

Es wäre ein guter Fastenvorsatz, mir eine Portion Mut zu erbitten und jemandem ohne Gesichtsverlust eine zweite Chance durch einen Neuanfang zu ermöglichen.

In Christus wird radikal verwirklicht, was Dag Hamarskjöld in die Worte fasst: „Die Vergebung durchbricht die Ursachenkette dadurch, dass der, der – aus Liebe – vergibt, die Verantwortung auf sich nimmt für die Folgen dessen, was du tatest. Vergebung bedeutet daher immer Opfer."

Der Vergebende löst mich also von der Konsequenz der Fesseln meines Handelns und schafft so ein Stück neuer Wirklichkeit. Der Lauf der Zeit kann nicht zurückgedreht werden und es kann nichts ungeschehen werden, was war. Es geht vielmehr um die Herausforderung angesichts des Geschehenen neu zu beginnen. Neuanfang ist immer ein Anfang eingedenk eines Scheiterns.

Da Gott uns vergibt und uns so neu schafft, können wir in der Osternacht von der „glücklichen Schuld" (felix culpa) singen, die uns einen solchen Erlöser geschenkt hat. Kann nicht manches ehrliche Eingeständnis auch zu einer glücklichen Schuld werden, die das Zusammenleben wertvoller und kostbarer macht?

Sollte unsere Antwort auf Gottes Wort radikaler Vergebung nicht ebenso großzügig sein, auf dass auch wir unseren Schuldigern vergeben wie Gott uns vergeben hat?!

Wir kennen alle das Wort: „Aller Anfang ist schwer!" Leicht verschieben wir den guten Vorsatz auf den Nimmerleinstag oder erwarten von den anderen den ersten Schritt. Das gilt für unsere kleine Mitwelt bei Streit in der Familie, mit den Nachbarn und Arbeitskollegen oder etwa auch in unserem Verhalten Ausländern gegenüber. Das gilt auch für die große Welt der Politik, wo wir den Wirtschaftsbossen und Politikern – vielleicht teils zurecht – vorwerfen, nicht s zu tun für die Lösung der Ökokrise oder der Welternährungskrise, statt das uns Mögliche zu tun, etwa in der Mülltrennung oder im Fair-Trade.

Es gibt aber auch das andere Wort: „Jedem Anfang wohnt ein Zauber inne." Ich bin überzeugt, dass dies vom Geschenk des Neuanfangs durch Vergebung sicherlich gilt.

Die 40 Tage der Fastenzeit sind eine Einladung zum eigenen Neubeginn und auch zum Geschenk des Neuanfangs an andere, indem ich ihnen verzeihe und so zur besseren Zukunft unserer Beziehungen und unserer Welt beitrage. Fastenzeit ist auch eine Einladung zum Mut, sich wieder einmal die Vergebung von Gott her im Sakrament der Versöhnung persönlich zusprechen zu lassen.

„Vergib uns unsere Schuld wie auch wir vergeben unseren Schuldigern!" - Herr schenke uns den Mut dazu, mit Dir die Mauern zu unseren Mitmenschen zu überspringen und dadurch ein Stück neuer besserer Welt zu ermöglichen. Amen.

4. Fastensonntag
Eph 2,4-10; Joh 3,14-21)(18.3.2012)

Etwas vom scheinbar Einfachsten und doch offenbar Schwierigsten ist meines Erachtens die Antwort auf die Frage: „Was ist Wirklichkeit?" Hier tun sich nämlich zwei ganz verschiedene Welten auf.

Wir leben in einer Welt, die vor allem von der Wissenschaft geprägt ist. Was mit den modernen Forschungsmethoden und den entsprechenden technischen Geräten erkannt und auch überprüft wird, gilt als real existierend, also als wirklich. Fast täglich erfahren wir Neues von dieser messbaren Welt. Dementsprechend wird die Welt vielfach in Statistiken abgebildet; der Blick auf sie wird von Skalen, Rankings, Benchmarks und Quoten beherrscht. Kein Wunder, dass aus dieser Sichtweite der gängige Spruch folgt: „Glauben heißt nichts wissen!"

Ist dem wirklich so? Zunächst möchte ich auf ein Phänomen hinweisen: Wenn z.B. an diesem Wochenende der bekannte Benediktinerpater Anselm Grün im Bildungshaus Schloss Puchberg referiert, sind sicherlich auch einige dabei, die sehr viel wissen oder in der Wirtschaft führend tätig sind, weil sie offenbar merken, dass die vorhin genannte Wirklichkeit nicht alles ist, ja, dass ihnen etwas ganz Wesentliches fehlt

Immer mehr Verantwortungsträger aus der Wirtschaft und selbst aus der Bankenwelt suchen Zuflucht in Klöstern, machen Einkehrtage und sehnen sich nach Spiritualität. Statistiken genügen ihnen nicht mehr, denn sie merken, dass Zahlen und Logik, Mathematik und Technik nur eine Dimension der Wirklichkeit wiedergeben können und dass dabei nicht nur vieles, sondern das Wesentliche verloren geht. Die genannten Disziplinen können Totes festhalten, aber nicht Lebendiges verstehen. „Abgeholzt ist die Sprache der Sehnsucht, Worte für personale Begegnung ausgeblutet", Zärtlichkeit und wahrer Eros komme ebenso zu kurz wie Beten (Bischof Manfred Scheuer). Radikal zu Ende gedacht wäre eine solche eindimensionale Sichtweise von Wirklichkeit der Tod des Zwischenpersonalen und zuletzt der Tod Gottes.

Auf diese große Wunde einer Welt, die immer mehr eindimensional zu werden droht, legt der altersweise Schriftsteller Martin Walser seinen Finger, wenn er in seinem neuesten Buch „Über Rechtfertigung" schreibt: „Wer sagt, es gebe Gott nicht, und nicht dazusagen kann, dass Gott fehlt und wie er fehlt, der hat keine Ahnung. ... In der Welt der Atheisten hat die Leere keinen Platz. Leere gibt es nur dort, wo Gott fehlt. Und wo er dann durch keinen –ismus ersetzt wird. Eine Welt ohne Leere ist eine zu arme Welt." Und Martin Walser bekennt selbst: „Gott fehlt. Mir", denn damit ist auch Luthers Frage nach dem gnädigen Gott - oder sagen wir - nach der Existenz Gottes und nach dem Sinn des Lebens abhanden gekommen (vgl. Furche, 8.3.12; S 13).

Während sich der Gläubige durch Gott gerechtfertigt weiß, meint der gottlose Mensch, Recht zu haben, und trägt durch seine zum Prinzip und zur Macht erhobene Rechthaberei weiter zur toten Eindimensionalität der Welt und zum Vergessen der religiösen Dimension bei. Die Dimension der Wirklichkeit, bei der nur Wissen und Kontrolle entscheidend sind, ist eine in der Technik und in den Naturwissenschaften zwar notwendige Wirklichkeit, aber nur die halbe, noch dazu jene Wirklichkeit, die für sich allein uns Menschen nicht leben hilft!

Die heutigen biblischen Lesungen sind eine Einladung, aus dieser äußeren und oberflächlichen eindimensionalen Wirklichkeit weiter zuschreiten zu einer anderen, tieferen und wahreren Wirklichkeit. Diese Wirklichkeit entzieht sich den naturwissenschaftlichen Methoden, weil deren Erfahrungen sie übersteigen. Folgende Worte beschreiben diese größere Wirklichkeit: Vertrauen, Glaube, Hoffnung, Liebe, Achtsamkeit, Aufmerksamkeit, Herzlichkeit, Mitgefühl. Die Lesungen heute wollen uns dazu ermutigen und vor allem „Mut zum Gottvertrauen" machen.

Freilich bedarf es auch dazu unsers Körpers, etwa der Gehirn- und Nervenströme, aber die damit verbundenen Wirklichkeiten lassen sich nicht darauf zurückführen. Sie lassen sich auch nicht machen und produzieren, sondern sie sind zutiefst Geschenk. Je mehr man etwas im Griff haben und kontrollieren will, etwa in Beziehungen, umso weniger gelingt der Zugang zu dieser tieferen Schicht der Wirklichkeit. Je mehr man sich loslässt, also sich auf das Du des anderen, sei es der Schöpfung oder des Mitmenschen oder Gottes, einlässt, umso größer ist das Geschenk.

Denken Sie etwa an das Erlebnis von herrlichen Berggipfeln, von Sonnenaufgängen und Untergängen, an das Berührt-Sein von Musik, an die Erfahrung von Lieben und Geliebtwerden, an Versöhnung oder auch an das Elementarereignis einer Geburt, an das Getragensein im Gebet oder auch im

Gottesdienst. In all diesen wirklichen Erfahrungen verlässt der Mensch die Welt des Toten und bekommt Leben geschenkt. Er stößt er auf seine Grenzen und wird entgrenzt auf das hin, was wir letztlich „Gnade" Gottes nennen.

Die Lesung spricht von dieser uns in Christus geschenkten Liebe, die wir weder verdienen noch durch eigene Werke erwerben können. Das gütige Handeln Gottes in Jesus Christus ist reine Gnade, also Geschenk, und unsere Antwort ist der Glaube, das Gottvertrauen. Ja, Glaube ist nicht Wissen, aber es ist nicht weniger, sondern viel mehr, nämlich die einzig adäquate Antwort auf Gottes Liebe. Leben ist Beziehung – und jede vertrauensvolle Beziehung lässt vom Tod zum Leben hinübergehen. Ostern, das wir in drei Wochen als Fest unserer Erlösung feiern, ist der Weg vom Tod durch Absonderung (= Sünde) zum Leben, weil Gott in Jesus unwiderruflich seine Liebe in einem ewigen Bund zusagt. Gott selbst hat diese wichtigere Wirklichkeit der Welt und dem Menschen ein für allemal eingestiftet und verbürgt sich dafür selbst. In der Taufe wird uns dieses unzerstörbare Leben geschenkt.

Das Evangelium ist aus dem ganz intimen und freundschaftlichen nächtlichen Gespräch Jesu mit Nikodemus. Seither nennen wir Gespräche in größter Vertrautheit und zugleich höchster Dichte personaler Begegnung ‚Nikodemus-Gepräch'. Es ist fürwahr eine „camera caritatis", ein Ort der Liebe, in dem Jesus nicht akademisch Nikodemus in die Theologie als Wissenschaft von Gott einführt, sondern diese Liebe in der Begegnung mit ihm spüren lässt, „denn Gott hat die Welt so sehr geliebt, dass er seinen einzigen Sohn hingab."

Nikodemus erfährt die Tiefenschichte menschlichen Daseins als totales Angenommensein und Geliebtsein von Gott in Jesus. Alles, was in ihm dunkel und tot ist, lebt und wird erleuchtet. Unserem Gott geht es nicht um Machtgewinn oder Rechthaberei, nicht um Unterwürfigkeit von Seiten des

Menschen, sondern wirklich nur um diese Welt und den Menschen als ein Gegenüber, als Du lieben zu können.

Das ist es, was wir Gnade nennen. Es wäre für mich ein Schreckensszenario für die Welt und den Menschen, müssten wir in einer eindimensionalen gnadenlosen Welt leben! Gott möge es verhüten und er hat es für immer verhütet in Jesus Christus. Gott-sei-Dank, wörtlich genommen, gibt es diese tiefere Wirklichkeit in unserer Welt. Nicht Atomenergie, Gene oder andere Mikroteile, sondern Liebe ist es, die die Welt im Innersten zusammenhält!

Das Dasein der Kirche und unser Christsein haben für mich ihren tiefsten Sinn, die Welt für Gott offen zu halten und die Frohbotschaft von ihm hier und heute zu bezeugen. Das ist unser größter Dienst an der Welt und für unsere Zeitgenossen.

Daraus folgt nicht, die Hände in den Schoß zu legen, sondern es ist unser Auftrag kraft dieser Frohbotschaft die Botschaft von Gottesliebe nicht verstummen zu lassen, indem wir unsere Begabungen in unsere konkrete Pfarrgemeinde einbringen und auch aus der Kraft Jesu nach unseren Möglichkeiten ein Stück Welt zeichenhaft aus dem Geist der Liebe gestalten.

Heute ist dieser Auftrag und die Verantwortung eines jeden ganz konkret die Teilnahme an der Pfarrgemeinderatswahl-Wahl teilzunehmen, damit immer noch mehr Menschen erfahren: „Gut, dass es Gott gibt. Gut, dass es die Pfarre gibt, in der die Frohbotschaft vom menschenfreundlichen Gott für alle in Wort und Tat bezeugt wird." Ich lade zur Teilnahme im Anschluss an die Messe in den Wahllokalen im Pfarrheim ganz herzlich ein.

Möge die Pfarre für viele ein Stück Heimat werden und mögen sich auch die anderen in „Freude und Hoffnung, Trauer und Angst" vertrauensvoll an uns wenden, denn als Jüngerinnen und Jünger Christi sollte uns, wie das Konzil sagt, nichts Menschliches fremd sein (GS 1)! Amen.

Gründonnerstag

Ex 12,1-8.11-14; Jo 13,1-15 (9.04.2009)

In jeder Eucharistiefeier beten wir kurz vor der Kommunion dreimal: „Lamm Gottes, du nimmst hinweg die Sünden der Welt." Was ist mit diesen uns vertrauten und doch schwer zugänglichen Worten gemeint? Was bedeutet es, wenn wir vom Lamm Gottes oder vom Osterlamm sprechen? Da heuer das jüdische Pessachfest und das christliche Ostern zeitlich zusammenfallen, möchte ich dieser Frage nachgehen.

Auch wenn es bei uns Schafe gibt, so kennt der Orient die Lämmer bis heute noch viel eher als unser Kulturraum. Die Lesung aus dem Buch Exodus erschließt uns den religiösen Hintergrund. Es wird uns von der zentralen Heilstat Jahwes für sein Volk berichtet, von der Befreiung aus der Sklaverei Ägyptens. Nachdem der Pharao trotz aller Plagen das Volk nicht ziehen lassen will, folgt die größte Plage: In der Nacht, bevor Mose das Volk Israel aus der Knechtschaft herausführte, sollte in jedem Haus der Ägypter der Erstgeborene, d.h. der Träger besonderer Lebenskraft, sterben. Gott als Herr über Leben und Tod stellt so die Nichtigkeit der ägyptischen Gottheiten bloß. Die Trauer über den Tod der Erstgeborenen wird die Ägypter hindern, die Israeliten auf ihrer Flucht aufzuhalten.

Die Israeliten hingegen sollten ein junges Lamm schlachten. Mit dem Blut der Tiere mussten sie ihre Türpfosten als Zeichen ihrer Erwählung bestreichen, damit der Todesengel vorbeigeht. Mit dem gebratenen Lammfleisch stärkten sie sich sodann für den langen Marsch durch die Wüste.

Im jüdischen Pessachmahl erinnert seither ein gebratenes Lamm daran, wie die Israeliten verschont blieben und in die Freiheit geführt wurden. Es war und blieb das Heilsereignis par excellence in der Geschichte des Judentums. In dieser

Feier wird in der rituellen Nachahmung dieses Ereignisses die Befreiung im Pessachmahl gegenwärtig.

Wichtiger als das heurige zeitliche Zusammenfallen von jüdischem Pessach und christlichem Ostern ist deren inhaltlicher Zusammenhang. Das Auszugsgeschehen mit dem Pessachmahl bildet den religiösen Hintergrund und das Deutungsmuster für das letzte Abendmahl Jesu. Jesus nimmt diese alttestamentliche Erfahrung auf, legt freilich in dieses Blut und in das Mahl eine neue Bedeutung; er deutet darin seine eigne Lebenshingabe.

Wie die drei Evangelisten Markus, Matthäus und Lukas berichten, wird Jesus selbst zum Opferlamm; sein Blut wird zum Grund der Verschonung vor allen tödlichen Plagen und zum Siegel der Herausführung aus dem Land der Sünde und des Todes, also zum Siegel der Erlösung.

Jesus ist der einzige Gerechte, der – als Lamm Gottes - stirbt, damit alle anderen leben. Nicht weil Jesus den Tod sucht, geht er in den Tod, sondern weil er will, dass die andern leben. Er sieht die Leiden und Gebrechen der Menschen, nimmt sie an und macht sie sich selbst zueigen. Jesus will den Tod für immer beseitigen; es soll keine Opfer mehr geben.

Jesus leidet nicht nur mit den Menschen, er erleidet selbst dass schlimmste Elend sogar für sie, an ihrer Stelle. Er will die Menschen verschonen, das Schlimmste soll ihnen nicht widerfahren, für sie hat er es bereits auf sich genommen. - „Geheimnis des Glaubens: im Tod ist das Leben."

Wir sind das wandernde Volk Gottes, wie es auch in unserer Kirche als Wegkirche mit eindeutiger Ausrichtung zum Ausdruck kommt. Bei der Neugestaltung des Innenraumes haben wir bewusst den Ort des Altares, der ja Symbol für Christus ist, und den Communio-Raum mehr in die Mitte der Kirche gerückt, um auszudrücken: Wir sind eingeladen, auf unserem Weg Halt zu machen und uns in dem Mahl, in dem Jesus selbst das Lamm ist und dessen

Blut uns Heil und Erlösung bringt, zu stärken für den langen Marsch des Lebens, nicht selten durch Wüstenstrecken. Durch seine Wunden werden wir geheilt.

Wir bekennen dadurch: Gott ist in Jesus jetzt schon bei uns, nicht erst am Ziel. Jesus ist mit seiner Lebenskraft unter uns und stärkt uns: „Leib, für euch hingegeben", „Blut für euch vergossen".

Dieses Wort „für euch" steht über dem ganzen Leben Jesu. In der Vertrautheit und Geborgenheit des Mahles findet es seinen leibhaftigen, wir sagen, seinen sakramentalen Ausdruck, in seinem Sterben findet es seine Vollendung. Was immer das Leben an Widrigkeiten bringen mag, durch die Gemeinschaft im Mahl („Kommunion") wissen wir, zu wem wir gehören, und vertrauen darauf, dass uns nichts mehr, weder Leben noch Tod, trennen können von seiner Liebe.

Das hat alles nichts mit Beschaulichkeit oder gar einer Idylle zu tun. Dazu ist die Situation – einen Tag vor Jesu Sterben – viel zu ernst. Unsere Feier hier ist keine geistige Nabelbeschau oder eine innere Segensandacht für das eigene Heil. Brot und Wein „für uns" als Gabe ist zugleich Aufgabe füreinander und für die Welt zum Brot und Wein zu werden, also anderen Leben weiterzuschenken und zum aufrechten Gang zu stärken.

Der Evangelist Johannes bringt an Stelle des eucharistischen Einsetzungsberichtes die Fußwaschung, die in anderen Zeichen im Grunde dasselbe besagt. Jesus nimmt die für Sklaven vorgesehene Arbeit zum Gleichnis für seine Lebenshingabe.

Dieser Liebes- und Freundschaftsdienst ist zugleich mit einem hohen Anspruch verbunden: „Ich habe euch ein Beispiel gegeben, damit auch ihr so handelt, wie ich an euch gehandelt habe.". Einander die Füße und nicht den Kopf zu waschen heißt nämlich, nicht herablassend auf andere zu sein, sondern in Freud und Leid, in Trauer und Angst mit den Mitmenschen solidarisch zu sein,

Unrecht anzuprangern und für Gerechtigkeit einzutreten, um Versöhnung zu ringen und Frieden zu stiften.

Gottesdienst und Sorge um die Mitmenschen lassen sich also nicht auseinanderdividieren. So wie damals in Ägypten Gottes Tat nicht bloß in eine spirituell vergeistigte, sondern in eine wirkliche, auch politisch- wirtschaftliche Freiheit führte, ist auch heute Gottesdienst nicht bloß ein frommes innerlich beeindruckendes Getue, also kein weltabgewandtes Tun, sondern führt immer wieder zur Sorge um Arme und Bedrängte, sei es in konkreter Einzelhilfe, aber vor allem auch im politisch gesellschaftlichen Tun.

Es ist deshalb kein Dreinmischen in fremde Angelegenheiten, wenn Christen sich gegen jegliche Ausbeutung wehren oder gegen eine Wirtschaft protestieren, die rein egoistisch handelt. Auch in der jetzigen Wirtschafts- und Finanzkrise besteht die Gefahr, dass wieder die Ärmsten zum Handkuss kommen.

Wenn wir also jetzt die Fußwaschung feiern und dadurch in das Mysterium Jesu eintauchen, erwächst daraus unser aller Auftrag, uns für gerechtere Strukturen einzusetzen, damit Menschlichkeit und Gerechtigkeit zu ihrem Recht kommen. Denn je mystischer, desto politischer ist christliches Handeln. Amen.

Karfreitag

Jes 52,13-53,12; Hebr 4,14-16;5,7-9 (10.4.2009)

„Leid – wie kann Gott Liebe sein?" Das war die Frage am dritten Glaubensabend. So sehr uns die Ausführungen unseres Referenten bewegt haben, kann letztlich keiner dem anderen das Erleben und auch das Erleiden unseres menschlichen Daseins abnehmen. Beim Erleben tun wir uns noch relativ leicht, aber wie ist es mit dem Erleiden?

Man spricht nicht von der Erleidensgesellschaft, sondern von der Erlebnisgesellschaft, die vor dem Leiden die Augen verschließt, - von der Spaßgesellschaft, in der alles eitel Wonne ist und in der es um Fun & Risk geht, - von der Leistungsgesellschaft, in der die Tüchtigen vorne stehen und in der die Welt auf die strahlenden Sieger auf der Spitze der Pyramide aus Macht, Reichtum und Prestige blickt.

In den Augen einer solchen Welt hat ein blutüberströmter Gekreuzigter keine Chance. Wo jung, fit und schön als Ideale gelten, haben Kreuz und Leiden keinen Platz! Aber das war wohl immer schon ein ‚schwerer Brocken', denn schon Paulus schreibt, dass das Kreuz den Juden ein Ärgernis, den Heiden eine Torheit ist.

Um dem Karfreitag gerecht zu werden, dürfen wir zunächst einmal das Leid und den Tod nicht verdrängen, sondern wir müssen uns der Wirklichkeit des Leidens stellen, ohne es zu beschönigen:

- dem Leiden, das der Tod des zehnjährigen Mädchens bedeutet, das am Dienstag auf der Höss tödlich verunglückt ist (ich war am Vortag auf derselben Piste), und dem durch verschiedenste Unglücksfälle verursachten Leiden,

- dem Leid der Familie, die sich gestern zu bald von ihrer Mutter verabschieden mussten, und den Tränen aller Trauerfamilien aus unserer Pfarre und überall auf der Welt,

- der Verzweiflung der Erdbebenopfer in den Abruzzen angesichts des Todes vieler und des Verlustes von Hab und Gut und dem Leid der von Naturkatastrophen erschütterten Existenzen,

- dem Schmerz aller an schweren Krankheiten Leidenden, der Ohnmacht aller Sterbenden,

- dem durch Scheitern von Beziehungen verursachten Leid, aber auch der durch Arbeitslosigkeit bedingten Sinnlosigkeit,

- dem Leid der vergewaltigten Frauen, der von Granaten zerfetzten Männer, der von Angst gequälten Kinder in den Krisengebieten der Erde,
- der barbarischen Unmenschlichkeit des Holocaust, die mich sprachlos und beschämt durch das Mahnmal Jad Vashem in Jerusalem und durch das KZ in Mauthausen gehen lässt.

Karfreitag feiern heißt zunächst, all diese Leiden wahr- und ernstnehmen. Wer sich am Karfreitag und Karsamstag vorbeischwindelt, feiert vielleicht am Sonntag seine Wunschträume, die sich in Luft auflösen werden, aber sicherlich nicht Ostern.

Eigentlich müssten wir alle aus Respekt vor dem Leid, zumal derer, die es mundtot gemacht hat, lange schweigen, um nicht die eigene Verlegenheit und Hilflosigkeit mit Worten zuzudecken. Vor allem gilt es vorschnelle fromme vertröstende Worte zu meiden.

Karfreitag feiern heißt alles menschliche Leid sehen, aber auch mit Paulus sagen: „Wir verkündigen Christus als Gekreuzigten". Wir verkündigen den, der unseren Schrei zu dem seinen gemacht hat, unsere Frage nach dem ‚Warum' zu der seinen: „Mein Gott, mein Gott, warum hast du mich verlassen, bist fern meinem Schreien, den Worten meiner Klage?" (Ps 22) Nach allen Enttäuschungen, Verleumdungen, nach Verrat, Angst und Folter ist selbst Jesus sein Gott fragwürdig geworden. Er versteht nicht nur die Welt, sondern auch Gott nicht mehr!

In keiner anderen Situation ist Jesus unseren menschlichen Leiderfahrungen so nahe wie in dieser. Er stirbt nicht abgeklärt wie ein weiser Buddha, nicht selbstsicher wie der Philosoph Sokrates, nicht im Hass gegen die Umgebung wie ein Selbstmordattentäer, sondern wie ein zutiefst Leidender, der die Bitte hinausschreit: „Lass diesen Kelch an mir vorübergehen!"

Alle Erklärung des Leides, etwa gar als Strafe Gottes, als Mittel zur Reifung, als Sühne oder Läuterung, würde Gott zum Zyniker und die Opfer zu Schuldigen degradieren. Leiden ruft nicht nach Erklärung, sondern nach Mitleiden!
Das ist die Wahrheit des Karfreitags. Gott selbst lässt sich treffen von diesem Ruf nach dem Mitleiden. Er selbst teilt dieses Leid. Im Kreuz und in seinem Tod ist er der Mitleidende geworden:
bei den durch Scheitern von Beziehungen verursachten Tränen und Scherben,
- am Krankenbett und im Tode,
- im Katastrophenfall, in L´Aquila, aber auch in Auschwitz und Mauthausen
- und überall dort , wo heute Menschen gequält, getötet, ausgebeutet, unterdrückt und an den Rand gedrückt werden.
Gott ist durch Jesus auch bei mir in Trauer, Enttäuschung und Verzweiflung und selbst in der Stunde des Todes.
Der leidende Mensch ist das Maß Gottes und das seiner Menschwerdung. Pontius Pilatus ist sich nicht bewusst, dass er anbetracht des leidenden Jesus vor dem Pöbel eine tiefe Glaubenswahrheit ausspricht: „Ecce homo!" "Seht welch ein Mensch!"
Dieser menschgewordene Gott ist die Antwort Gottes, nach dem sich Jean Paul Sartre – wohl stellvertretend für alle Menschen – sehnt, wenn er sagt: „Wenn Gott für mich ein Mensch würde, dann würde ich ihn lieben – ihn ganz allein. Dann wären Bande zwischen ihm und mir, und für das Denken reichten alle Wege meines Herzens nicht. Ein Gott, der Mensch würde, gebildet aus unserem liebenswert elenden Fleisch – ein Gott, der erfahren wollte, wie der Salzgeschmack auf unserer Zunge schmeckt, wenn alles uns verlassen hat, ein Gott, der das Leid auf sich nähme, das ich heute leide. Wenn Gott für mich Mensch würde, dann würde ich ihn lieben."
So ist Gott Mensch geworden. Schenken wir ihm die Antwort unserer Liebe, wenn wir nun das Kreuz verehren. Amen.

Osternacht

Gen 1.1.26-31a; Jes 55,1-11; Röm 6,3-11; Mk 16,1-7 (2000)

Dass die Natur heute vielfach bedroht ist, ist eine Tatsache - und es ist ein Wunder, dass wir trotzdem immer wieder Frühling feiern können, die Zeit, in der die Natur herrlich regeneriert. Gerade in diesen schönen Frühlingstagen erleben wir das hautnah und wir freuen uns darüber. Deshalb sind wir aber nicht heute Nacht zusammengekommen. Es bewegt uns noch tiefer die Frage: Was ist der Mensch? Wer sind wir selbst? Mit der Antwort darauf steht und fällt auch der Sinn unseres Lebens.

Ich lade Sie ein, mit mir am reich gedeckten liturgischen Tisch des Wortes nach einer Antwort Ausschau zu halten. Was ist der Mensch? Zufallsprodukt oder Resultat biochemischer Prozesse? Ein Augenblick Leben, den es wie eine Zitrone auszupressen gilt, und dann Nichts? Viele Gene oder doch mehr?

Der Schöpfungsbericht gibt eine erste Antwort: „Gott schuf also den Menschen als sein Abbild; als Mann und Frau schuf er sie". Gott selbst ist also das Urbild des Menschen. Der Mensch wiederum in seiner Ganzheit nur als Mann und Frau gemeinsam ist das Abbild. Kein Wunder, dass der Mann ein Leben die Frau sucht und umgekehrt, um darin Glück und Erfüllung zu finden. Aber selbst der liebste Partner bleibt zeitlebens ein Versprechen, das er selbst nicht einzulösen vermag. Wie sollte er es auch, da auch er nicht alles sein kann? Gott, das Urbild, bleibt dem Menschen zutiefst eingeprägt und der Mensch hört nicht auf, zeitlebens nach Gott als seinem Urquell und tragenden Grund zu suchen; m.a.W. der Mensch ist unheilbar religiös.

Aber auch Gott, das Urbild, sucht sein Abbild. So wie der Mensch nicht ohne Gott sein kann, so auch Gott nicht ohne den Menschen. Schon der Psalmist wundert sich über diese Anhänglichkeit Gottes an den Menschen: „Was ist der

Mensch, dass du an ihn denkst, des Menschen Kind, dass du dich seiner annimmst?" (Ps 8) Und der Prophet Jesaja fügt es in die Worte: „Kann denn eine Frau ihr Kindlein vergessen, eine Mutter ihren leiblichen Sohn? Und selbst wenn sie ihn vergessen würde: ich vergesse dich nicht". (Jes 49,15) Gott, der Liebhaber und Freund des Lebens, liebt, was er geschaffen, zumal sein Abbild!

Auch die 2. Lesung aus dem Buche Jesaja sagt etwas aus über den Menschen. Wer von uns tut nicht viel, um Geld zu verdienen? Wer müht sich nicht, um seinen Lebensunterhalt zu bestreiten und sein Auskommen zu sichern? Aber im Tiefsten des Herzens sehnt sich jeder Mensch nach etwas, das ihm gratis, umsonst, geschenkt wird, sehnt er sich nach Liebe, die ja immer Geschenk bleibt und nie verdient werden kann. In uns steckt die Erinnerung, dass wir aus Liebe gezeugt sind und groß geworden sind, weil uns die Eltern in ihre kostenlose Liebe gewickelt haben. Auch im späteren Leben gilt: „Freunde kann man nicht im Geschäft kaufen" (A.de Saint-Exupery). Was wir zeitlebens letztlich suchen, ist und bleibt Geschenk!

Der Prophet Jesaja spricht von Gott, der die Menschen aufruft: „Auf, ihr Durstigen, kommt alle zum Wasser. Auch wer kein Geld hat, soll kommen. Kauft ohne Geld, kauft Wein und Milch ohne Bezahlung! Warum bezahlt ihr mit Geld, was euch nicht nährt, und mit dem Lohn eurer Mühen, was euch nicht satt macht?"

Hier ist jemand, der uns gratis, d.h. aus Gnade, das Beste und einzig Erfüllende zu schenken bereit ist. - Investieren wir nicht alle sehr viel Mühe und Arbeit in Dinge, die - so sehr sie auch gut und wichtig sein mögen - unsere Sehnsucht nicht zu stillen vermögen? Definieren wir uns nicht oft durch etwas, was uns nie ganz glücklich macht? - etwa Besitz: 'Hast du was, bist du was!' Suchen wir oft nicht allzu Vergängliches? Der Prophet ruft uns zu: „Sucht den Herrn!" Zum

Herrn, der einen ewigen Bund mit uns schließt, sollen wir kommen; auf ihn sollen wir hören, dann werden wir leben, heißt es bei Jesaja.

Ja, es stimmt, dass unsere Gedanken oft kurzsichtig sind und unsere tiefe Sehnsucht nach mehr als alles allzu leicht durch Vordergründiges verschütten lassen, während des Herrn Gedanken anders sind. Sie allein aber erreichen auch, was sie versprechen.

Was ist der Mensch? Der Dichter Günter Kunert gibt in einem Gedicht m.E. eine treffende Antwort: Er sagt:

Ich bin ein Sucher	Nicht zu schmal.
Eines Weges.	Kein Ein-Mann-Weg.
Zu allem was mehr ist	Aber auch keine
Als	Staubige, tausendmal
Stoffwechsel	Überlaufene Bahn.
Blutkreislauf	Ich bin ein Sucher
Nahrungsaufnahme	Eines Weges.
Zellenzerfall.	Sucher einer Weges
Ich bin ein Sucher	Für mehr
Eines Weges	Als mich.
Der breiter ist	
Als ich.	

Ja, Sucher sind wir alle; Sehnsucht ist unser Wesen (Nelly Sachs). Alles ist zu wenig (I.Bachmann). Wir sind Sucher, aber wen suchen wir?

Gibt es auch ein Finden oder gar eine Erfüllung?

Ich bin überzeugt, dass uns die österliche Frohbotschaft auf unser Suchen eine Antwort gibt in dem kurzen Satz an die Frauen am Grab: „Ihr sucht Jesus von Nazareth, den Gekreuzigten. Er ist auferstanden." - Ob wir es wissen oder nicht:

Im Grunde unseres Herzens suchen wir alle Jesus, den Gekreuzigten und Auferstandenen.

Wir suchen in ihm den, der nicht nur Brot für den Stoffwechsel gibt, sondern Brot fürs ewige Leben. Wir suchen in ihm den, der nicht nur für den Blutkreislauf sorgt, sondern dessen Blut zum Quell ewigen Lebens wird. Wir suchen in ihm den, der nicht nur als Brotkönig für die Nahrungsaufnahme sorgt, sondern uns das schenkt, wonach wir zutiefst hungern: Liebe, Frieden und Gerechtigkeit. Wir suchen in ihm den, der unseren Zellenzerfall, diesen vergänglichen Leib umkleidet mit Unvergänglichkeit.

Wir suchen in ihm den, der für jeden einzelnen der Weg ist, der aber auch über mich hinaus aus aller Enge und Angst in die Weite, in die Gemeinschaft führt. Wir suchen in ihm den, der in mir mehr sieht als den Kunsumenten oder Produzenten, als den Kunden und den Vermarkter, den, bei dem ich Mensch bin und auf ewig sein darf, weil allein in ihm unsere Sehnsucht nach mehr als alles gestillt wird.

Was ist Ostern? Was ist die Auferstehung Jesu? Der Auferstandene ist für mich das Finden all dessen, was wir suchen. Der Auferstandene ist für uns alle die Verheißung, dass unser Suchen kein ‚Warten auf Godot' ist, sondern Gewißheit des Findens. Unsere von der Welt unstillbare Sehnsucht geht nicht ins Leere; es gibt diese Fülle des Lebens, die Heimkehr zum Urbild des Menschen , zu Gott, die Teilnahme am himmlischen Gastmahl, bei dem alles gratis ist und keine Mühe und kein Schmerz, kein Leid und kein Tod mehr sind.

Unsere Gedanken sind oft nicht Gottes Gedanken und wir suchen ihn oft auf verkehrten Wegen, an denen er nicht zu finden ist. Gott hat unsere Gedanken gesprengt, denn seit der Schöpfung hat auch er uns gesucht und für immer gefunden - durch die ‚List der Liebe', indem er in Jesus selbst Mensch wurde. Er hat uns in seiner Liebe dort abgeholt, wo wir mit unseren Bruchstücken, mit unserer oft in Süchte verwandelter Sehnsucht, mit unseren Irrwegen und mit unserem Tod sind. Unsere Suche hat eine Antwort bekommen wie sie passender nicht sein könnte, denn ‚Gott allein genügt' (Teresa von Avila).

Ostern ist also für uns alle die Frohbotschaft, dass all unsere Wege ein Ziel haben, alles irdische Ende eine göttliche Vollendung, alles Suchen ein Finden, alle zwischenmenschlich erlebte Liebe ewige Erfüllung. Jesus Christus bürgt dafür! Er ist als Mensch auferstanden in Gottes ewige Vollendung - als Unterpfand ewiger Herrlichkeit für uns alle.

Der Theologe Paul Michael Zulehner sagte vor kurzem über ein oft irregeleitetes, rein innerweltliches Suchen des Menschen: „Früher hatten die Menschen 30 Jahre und dann die Ewigkeit. Heute haben sie 90 Jahre und dann Nichts" - Dem setzen wir entgegen: Ob 30 oder 90 Jahre hier auf Erden, wir sind gewiss, dass uns nicht das Nichts als letzter Gesellschafter gegenübersitzt, wie Bert Brecht meint, sondern uns ewiges Leben erwartet.

'Ich bin ein Sucher
Eines Weges
Sucher eines Weges
Für mehr
Als mich.' (G. Kunert)

Bei aller Mühe des Suchens, bei allem Erschrecken über die Gedanken Gottes und bei allen Geburtsschmerzen des Findens feiern wir heute den Sieg des Lebens und der Liebe als bleibendes positives Vorzeichen für unser aller Leben. Jesus Christus ist der Weg für uns alle. Er geht mit uns, auch durch Irrwege des Lebens und durch die Sackgasse des Todes. Er ist als erster von uns am Ziel: beim Vater im Himmel im Leben in Fülle. Fürwahr Grund zum Jubel und zur Freude! Amen.

Osternacht

Mk 16,1-7 (15.4.2006)

„Wer könnte uns den Stein vom Eingang des Grabes wegwälzen?" Das ist nicht nur die Frage der Frauen am Weg zum Grabe Jesu, sondern das ist unser aller Frage. Das ist die Menschheitsfrage schlechthin.

Dabei geht es nicht um die Steine auf dem Lebensweg jedes Menschen, die es braucht, um auch mit Herausforderungen fertig zu werden, also die Steine, die unseren Widerstand verlangen und uns reif fürs Leben werden lassen. Diese sind nötig, und es ist nicht gut, wenn einem alles nur in den Schoß fällt. Es geht vielmehr um die Steine, die uns lähmen, unbeweglich machen und ans Krankenbett fesseln, also um die Steine, die niederdrücken und schließlich im Tode erdrücken.

Niemand kann dem Gesetz von Anfang und Ende, von Werden und Vergehen, von Geburt und Tod und damit dem Stein des Grabes entgehen! Die biologische Vergänglichkeit des Lebens ist uns trotz aller medizinischen Fortschritte bleibend in unser irdisches Dasein eingeschrieben. Da gibt es dann zusätzlich die noch schlimmeren Steine, die wir aufheben und mit denen wir einander beschuldigen und uns bewerfen, ja einander steinigen – Steine, die schuldbeladen durch die blutige Geschichte der Menschheit rollen und immer wieder das kostbare Leben anderer bedrohen, gefährden und töten, Steine, die den Kreislauf tödlicher Gewalt besiegeln. Es geht also angesichts dieses Steines am Eingang des Grabes um Sein oder Nichtsein!

Es gibt Erlebnisse, bei denen uns ein Stein vom Herzen fällt und uns leichter wird, aber der Stein des Grabes bleibt als ständiges Damoklesschwert über unserem Haupt.

Anbetracht des Leids in der Welt und im persönlichen Leben und erst recht der nicht enden-wollenden tödlichen Gewalt sind viele Menschen zu dem Schluss gekommen, dass der Mensch mit diesem Stein nie fertig wird, dass also das Leben zwar ein ständiger Kampf gegen diesen biologischen oder auch gewaltsamen Todesstein ist, aber ein aussichtsloser und sinnloser Kampf, denn der Tod siegt immer wieder.

Im antiken Mythos von Sisyphus findet dies einen bildlichen Ausdruck: Zeitlebens versucht Sisyphus vergeblich den Stein auf einen Berg zu wälzen, aber er rollt immer wieder zurück; es ist also ein hoffnungsloses Unternehmen. Es stimmt: wir können den Stein vom Eingang des Grabes nicht wegwälzen.

Die österliche Frohbotschaft will uns den Blick darauf eröffnen, dass dieser von uns unbewegliche große Stein dennoch weggewälzt ist: „Der Stein ist weg, das Grab ist leer", haben wir gesungen. - Was ist geschehen, dass das Leben keine sinnlose Sisyphusarbeit mehr ist, dass weder der Stein des biologischen Todes noch der Kreislauf tödlicher Gewalt letztlich siegen? „Tod, wo ist dein Sieg? Tod, wo ist dein Stachel?" (1 Kor 15,55f)

Der Grund unserer Hoffnung ist kein Prinzip, kein noch nicht erfundener technischer Mausklick, keine ins Jenseits projizierte Sehnsucht. Der Grund ist Gott selbst, „der uns den Sieg geschenkt hat durch Jesus Christus unsern Herrn" (1 Kor 15,57).

Jesus hat sich der Vergänglichkeit allen Lebens, aber auch dem Kreislauf der tödlichen Gewalt unterworfen. Die Steine dieser Welt haben ihm sein Herzblut gekostet und ihn getötet, aber sie haben sich an ihm auch zu Tode gelaufen, weil er nach einer anderen Dynamik lebte, nicht in der eigenen Selbstvorsorge, sondern im Vertrauen der Bergpredigt. Er lebte die Logik von Liebe und Hingabe bis zum äußersten, von Solidarität mit allen, auch mit dem letzten Nobody und Underdog. Und er hat den Menschen gesagt: „Wer ohne Schuld ist, der werfe den ersten Stein." Kein Mensch dürfte je wieder einen Stein auf jemand werfen!

Ostern ist nicht der Blick weg von dem Tod und dem Grabesstein, nicht die Betäubung im Schmerz oder das Zudecken des Leidens. Ostern kann man nicht feiern am Karfreitag vorbei. Es ist das Fest der Auferstehung des Herrn aus dem Tode. Zu Ostern feiern wir, dass Jesus mit seinen Worten und Taten Recht hatte, dass er bleibend unter uns gegenwärtig ist und dass wir alle mit ihm auferstehen werden, weil die Liebe das einzig und immer Bleibende ist.

Seit diesem Tode darf der Mensch, zumal der von anderen Gesteinigte wie der Diakon Stefanus und alle später Verfolgten und gewaltsam Getöteten, den Himmel über sich offen sehen und teilhaben an der Herrlichkeit der Auferstehung.

Dieser offene Himmel und die ewige Gotteskindschaft sind uns allen in der Taufe zugesagt, in der unser alte Mensch, der Sisyphus unseres Daseins, begraben und der neue Mensch mit Christus auferweckt worden ist. Die Taufe ist das durch Ostern mögliche positive Vorzeichen für unser ganzes Leben. Auch wenn wir um den Stein des Grabes nicht umhin können, haben wir neues unerschütterliches Urvertrauen, da uns nichts, weder Leben noch Tod, von Gottes Liebe in Jesus Christus zu trennen vermag.

Der Osterglaube hat freilich nicht nur an den Grenzen des Lebens seine Bedeutung, sondern auch mitten im Alltag, auch hier und jetzt. Mein Leben bekommt so eine neue Perspektive, eine neue Weite. Kraft der Hoffnung, dass der schwerste Stein weg ist, lasse ich mich nicht erdrücken von den Steinen des Alltags, muss ich nicht resignieren, wenn mir manches wie sinnlose Sisyphusarbeit vorkommt und brauche nicht Gleiches mit Gleichem zu vergelten, also die Steine, die auf mich geworfen werden, zurückwerfen.

Österliche Hoffnung macht mir Mut zum aufrechten Gang, lässt mich Auferstehung im Alltag einüben und dort Widerstand leisten, wo andere mit Worten oder Taten gesteinigt werden. Ostern ist die Einladung und Ermächtigung, auch anderen zu helfen, dass sie hier und jetzt gegen unterdrückende Steine, Menschen und Strukturen, Widerstand leisten und den aufrechten Gang probieren. Ostern ist die Ermutigung, „auf-zu-stehen" gegen die großen Sünden, die die Natur und die Menschen bedrohen. So treten wir in die Fußstapfen des Auferstandenen, denn er starb ja nicht an irgendeiner Krankheit, sondern an den Folgen seines aufrechten Ganges.

Wir leben in einer Zeit, in der es von „Vital", „Bio", „Life", „Vida" nur so wimmelt, denn ums Leben ist wirklich ein ‚G`riss'. Wir österliche Menschensind nicht bloß Jenseitsspezialisten, die das Diesseits-Leben den Bio- und Wellness-Spezialisten überlassen sollten. Wir sind überzeugt, dass es ein Leben vor dem Tode gibt und dass diesem Leben hier und jetzt durch die Auferstehung Jesu neue Spielräume aufgetan sind, die uns frei spielen lassen von vielen Zwängen dieses „Lebens als letzte Gelegenheit" (Marianne Gronnemeyr). Die Osterbotschaft kann es mit all dem, was als zeitgemäßere Konkurrenz zum Thema „Leben" auf dem Markt ist, aufnehmen.

Nehmen wir die österliche Einladung an, uns hier und jetzt auf das von Jesus verheißene Leben einzulassen – es ist ein Weg, der nicht Steinchen aus dem Wege räumt, sondern den uns ständig belastenden Stein des Grabes. Es ist ein Weg, der uns von sinnloser Sisyphusarbeit erlöst und mit dem gleichsam göttlichen Leichtsinn der Bergpredigt unseren Lebensweg gehen lässt, ein Weg, der auf das Ganze gesehen sicherlich ein guter und heilsamer Weg ist. Diese Erfahrung wünsche ich Ihnen zu diesem Osterfest von Herzen. Amen.

Osternacht

Gen 1,1.26-31a; Ex 14,15-15,1; Röm 6,3-11; Mk 16,1-7 (7.4.2012)

Um die Jahreswende hat das Meinungsforschungsinstitut IMAS bei einer repräsentativen Umfrage erhoben, dass etwa 60 Prozent, unter den Senioren fast 70 Prozent skeptisch und besorgt in die Zukunft schauen. Damit liegt die Zuversicht 8 Prozent unter dem durchschnittlichen Optimismuspegel der letzten 40 Jahre. Eine Umfrage ein paar Wochen später bestätigte, dass im Empfinden der österreichischen Bevölkerung über unserem Wohlstand ein Damoklesschwert hängt und am immerwährenden Wachstum bereits der Zweifel nagt, auch wenn die meisten die Folgen der europäischen Finanzkreise persönlich noch wenig zu spüren bekommen haben. Wir müssten uns aber auf einen stagnierenden oder sinkenden Wohlstand einrichten, meint die Mehrheit.

Vor neun Tagen las man hinwieder in einigen Gratiszeitungen in großen Lettern, dass die Österreicher die glücklichsten Europäer seien.

Was stimmt nun: Skepsis und Zukunftssorgen oder ganz großes Glück?

Nun, ich freue mich, dass es den meisten in unserem Land so gut geht (wofür wir fürwahr dankbar sein dürfen!). Ich habe jedoch den Verdacht, dass dieses Glücksgefühl vor allem auf unserem materiellen Wohlstand beruht und dahinter sehr häufig die Meinung steht: Jeder ist seines Glückes Schmied und man kann es sich doch richten!

Doch jeder von uns weiß auch: Glück und Glas, wie leicht bricht das! Das gilt vor allem vom Glück, dessen Schmied der Mensch selbst zu sein glaubt.

Schwestern und Brüder! Warum sage ich all das heute in der Osternacht?

Wenn unser Glücksgefühl und damit unsere tiefste Sicherheit und Verankerung allein von uns abhängen, also von dem, was wir Menschen aus uns selbst machen können, dann fürchte ich, dass der Mensch immer wieder zwischen Hoffen und Bangen schwebt: Entweder verweilt wie die Turmbauer zu Babel in hochmütigem Machertum (Yes, I can!) oder er verfällt in resignative Verzweiflung (Ich kann es nicht!).

Entweder der Mensch glaubt, das Glück erzwingen zu können, und sei es, dass selbst die Religion in ihrer fanatischen Form dafür herhalten muss, oder er gibt frustriert und resigniert sich und alles auf. Nicht selten schlägt das eine in das andere, also in das Gegenteil über.

Es sind zwei Extreme, die sich jedoch berühren, denn immer steht letztlich das eigene menschliche Ego im Zentrum. Dieses kleine vom Du unabhängige Ich – sagen wir es in der Sprache des heutigen Evangeliums – meint, den Stein aller Last selbst wegzuschaffen oder aber es fühlt sich vom Stein des Untergangs und Todes erdrückt.

Liebe Mitchristinnen und Mitchristen! Die österliche Botschaft besagt, dass wir uns den Namen, also unser letztes tragendes Glück weder selbst machen müssen noch es machen können, wie es die eigenmächtigen und hochmütigen babylonischen Turmbauer tun wollten.

Aber genau so wenig brauchen wir Angst haben, dass wir resigniert als Nobody im Out sind, namenlos und verloren, untergehen.

Gott selbst befreit den Menschen vom Wahn menschlichen Selbst-Machertums; er erlöst den Homo Faber vom Trugschluss, seines Glückes Schmid sein zu müssen.

Aber er erlöst den Menschen auch von der Verzweiflung, ein Versager zu sein, und von seiner Angst, umsonst da zu sein. Jesus steigt ja hinab in das reich des Todes und der „Hölle", also in die Dimension letzter Beziehungs- und Namenlosigkeit, in die äußerste Anonymität, und ruft uns neu bei einem ewigen Namen.

Gott selbst begründet durch die Auferweckung Jesu der Welt ein für alle mal als innerste Mitte die Liebe ein. Der innerste Kern aller Wirklichkeit ist so wie bei der Schöpfung das Geschenkhafte, die Gnade. Gott selbst stiftet dadurch einen ewigen Bund der Freundschaft und Liebe, einer Liebe, die der Mensch weder für sich erobern noch von sich aus verlieren kann. Auferweckung Jesu ist also nicht ein Einzelschicksal Jesu, sondern hat wesentlich mit uns zu tun.

Unser tiefstes Glück kommt nicht aus der eigenen Schmiede, sondern aus Gottes Hand durch Jesus Christus. Bei allem menschlichen Schwanken zwischen Glücksgefühl und skeptischer Sorge bis hin zur Verzweiflung: Der Würfel ist endgültig gefallen und oben steht unwiderruflich: Das Leben und die Liebehaben gesiegt. Unser menschliches Leben ist nicht mehr ein gefährliches Lotteriespiel, sondern ein Spiel, bei dem Gott selbst für uns endgültig das Glück gewählt hat.

Hieß es in unserer ersten Lesung im Schöpfungsbericht beim Siebentageswerk nach jedem Tag „Gott sah, dass es gut war" und am Ende des sechsten Tages nach Erschaffung des Menschen „Es war sehr gut", so hat Gott nach dem Sündenfall nicht geruht, sondern in einer dramatischen Heilsgeschichte alles getan, um die Menschen aus ihrem selbstverschuldeten Ausschluss aus dem Paradiese zu retten und den neuen Sabbat im Tag der Auferstehung, also unserem Sonntag, als Tag der Ruhe zu begründen.

Der Auszug aus dem Land der Knechtschaft Ägypten, der Durchzug durchs Rote Meer, die Wanderung durch die Wüste und der Einzug ins Gelobte Land sind das Vorausbild dessen, was sich in Jesus endgültig erfüllt hat, nämlich der Sieg über alles, was den Menschen entfremdet, knechtet und unterdrückt. Wir feiern das Geschenk des neuen unvergänglichen Lebens.

Rein menschlich gesehen müssen wir nüchtern festhalten: Alles in der Welt hat ein Ende, auch die Welt selbst. „Alles, was ist, hat ein Verfallsdatum. Was immer man leiben mag, man hebt etwas, das sterben muss." (Madeleine Debrel) Diese unentrinnbare Macht des Todes dürfen wir nicht verharmlosen. Zugleich stellen wir seit der Auferweckung Jesu die Frage nach dem Leben im

Tod: Mitten im Tod gibt es von Gott geschenktes Leben, das nicht vom Wirtschaftswachstum, vom Gelingen oder Misslingen selbstfabrizierten Glückes abhängt, sondern in Gott begründet und garantiert ist. Das meint der Apostel Paulus, wenn er sagt, dass uns nichts, weder Leben noch Tod, weder Gegenwart noch Zukunft, weder Engel noch Mächte, weder Gewalten der Höhe oder Tiefe noch sonst irgendeine Kreatur trennen können von der Liebe Gottes in Christus Jesus.

Ja, weder Hochkonjunktur noch Wirtschaftsflaute, weder materieller Wohlstand noch Armut, weder Fanatismus noch Resignation, weder innerkirchlicher Optimismus noch Pessimismus können uns vom österlichen Sieg der Liebe Gottes trennen.

Ostern enthebt uns weder der Widersprüchlichkeiten unseres Lebens noch der Mühen der Ebene, der Zweifel und Ungewissheiten, aber über unserem Leben, ob momentan glücklich oder traurig, ist letztlich ein von Gott selbst verbürgter Schutzschirm aufgespannt: Wie und was immer, Schicksalsschläge oder Lebenswenden, unser Leben herabstufen – die Auferweckung Jesu schenkt uns ein ultimatives unwiderrufliches Triple-A-Rating.

Ein großes Missverständnis gilt es freilich zu vermeiden, nämlich dass die alles erst mit unserem Sein nach dem Tode zu tun hat.

Wie soll ich an eine künftige Auferstehung glauben, wenn ich keine Erfahrung von jetzigen Auferstehungen habe? Wie will ich glauben, dass die Liebe stärker ist als der Tod, wenn sie mich nicht jetzt immer wieder lebendig macht?

Habe ich nicht selbst schon oft Auferweckung erfahren, wenn mir ein Mensch verziehen, mir Zeit und Zuwendung geschenkt und mich geliebt hat? Habe ich nicht schon des Öfteren jemanden auferweckt durch ein Lächeln, durch ein Entgegenkommen, durch das Geschenk von Gemeinschaft? Auferstehung geschieht hier und jetzt, wo immer aus der Kraft des auferstandenen Herrn Liebe im Kleinen und im Großen weitergeschenkt wird. Lassen wir uns durch

das Osterereignis zu einem neuen Leben auferwecken, das hier und heute beginnt und das darin besteht, das wir die uns von Gott für immer geschenkte Nähe und Liebe auch an andere weiterschenken.
So schließe ich mit einem Text von Dorothee Sölle:
Auferstehung heute
Ich glaube an jesus christus der aufersteht in unser leben
dass wir frei werden von vorurteilen und anmaßung von angst und hass
und seine revolution weiter treiben auf sein reich hin.
ich glaube an den geist der mit jesus in die welt gekommen ist
an die gemeinschaft aller völker und unsere verantwortung für das
was aus dieser erde wird
ein tal voller jammer, hunger und gewalt
oder die stadt gottes ... Amen.

Ostersonntag

1 Kor 5,6b-8, Jo 20,1-9 (20.4.2003)

Angesichts des kontrastreichen Geschehens dieser heiligen Tage kommt mir ein Wort des südamerikanischen Dichters Pablo Neruda in den Sinn: „Auch wenn ein Diktator alle Blumen abgeschnitten hat, wird er nicht verhindern können, daß ein neuer Frühling kommt."
Von der Natur stimmt dieser Satz sicher, wie wir es gerade in diesen Frühlingstagen erleben. Die Blumen sind aber für den Dichter ein Sinnbild des Menschen, wie es etwa im Psalm 90 heißt: „Des Menschen Tage sind wie das Gras; am Morgen grünt es und blüht, am Abend wird es geschnitten und welkt." (Ps 90)

Gilt diese hier ausgesprochene Hoffnung auf einen neuen Frühling etwa auch für das Volk der Iraker oder der Tschetschenen? Kommt neues Leben auch zu dem Verzweifelten, dem das Leben wie eine einzige Odyssee vorkommt, oder zu dem, der mit der Diagnose einer unheilbaren Krankheit konfrontiert wird? Erlebt auch der geliebte Mensch, den der Tod uns entrissen hat, einen neuen Frühling? Oder ist der Wunsch der Vater des Gedankens? Fragen über Fragen! Die tagtägliche Wirklichkeit ist ein Bild vieler toter Blumen, d.h. enttäuschter Hoffnungen, zerbrochener Beziehungen, gegenseitiger Verletzungen, ein Bild von Krankheit, Einsamkeit, Arbeitslosigkeit, Sterben, Tod. Der Blick in die Medien scheint das noch zu verstärken, denn „good news no news". Trotz äußeren Wohlstands gibt es wohl deshalb viel Angst, nicht etwa weil Drohpredigten über das Jüngste Gericht, über das Fegefeuer und die Hölle gehalten werden, sondern weil vieles die Menschen tatsächlich ängstigt.

Im Jänner dieses Jahres ist in der FAZ eine Auflistung von 426 wissenschaftlich anerkannten Ängsten, sogenannter Phobien erschienen. Der Amerikaner Fredd Cubertson hat in mehr als zehnjähriger Arbeit sämtliche klinisch festgestellten Ängste, die je dokumentiert worden sind, zusammengetragen (in seiner Homepage www.phobialist.com nachzulesen). Die Liste ist ein Spiegelbild angsterfüllten Lebens in den Tagen vor dem drohenden Irak-Krieg und in der Erwartung eines weiteren ökonomisch enttäuschenden Jahres.

Kein Wunder: der Blick auf die toten Blumen und was damit gemeint ist, löst Angst aus. Nicht wenige versuchen, sich von solchen Ängsten abzulenken durch Amüsement, durch Vergnügungs- und Unterhaltungssucht, das Leben ist ein Hit, die Comedy blüht, es ist zum Totlachen!

Warum sage ich das heute am Osterfesttag? – etwa um die toten Blumen zu leugnen und Schönwetterprophet zu spielen? Um zu sagen: Es ist alles nicht so tragisch! Keep smiling!?

Ja, es gibt im Christentum die alte Tradition des Osterlachens. Aber dem voraus geht der Blick auf die toten Blumen, auf die enttäuschten Hoffnungen, auf die zerbrochenen Beziehungen, auf die Diktatoren dieser Welt damals und heute und auf das Leid, das sie verursachen, auf die aus Kriegen hervorgegangenen Sieger, auf Schmerz und Tod.

Dem Osterlachen geht die Fastenzeit voraus, dem Ostersonntag der Karfreitag, dem Halleluja das „Kreuzige ihn".

Dass der Frühling, also neues Leben auch für wunde und tote Menschen kommt, ist keine naturgegebene Automatik, sondern bedarf der Augen des Glaubens. Auch hier gilt: „Das Wesentliche ist für die Augen unsichtbar, man sieht es nur mit dem Herzen gut" (A. de Saint-Exupery).

Im Evangelium haben wir gehört, wie zwei Jünger, Petrus und Johannes, zum Grab laufen. Auch wenn Petrus der Schnellere ist, sieht er zunächst nur die Leinenbinden und das Schweißtuch. Johannes dagegen, der Jünger, der wohl wie kaum ein anderer im Geheimnis der Liebe zum Herrn gewachsen ist, „sah und glaubte". Er ahnt, was in diesen Tagen geschehen ist: daß Jesus all das leiden mußte und gelitten hat aus Liebe und Solidarität zu uns Menschen.

Jesus bekundet dadurch leibhaftig, daß er immer bei uns ist und wir keine Angst haben müssen, die uns verzweifeln ließe, denn seine Liebe ist stärker als der Tod. Es ist wirklich voll-bracht, denn am Ende steht nicht das Nichts, sondern das volle Leben; am Ende steht nicht Ver-endung, am Ende steht Voll-endung.

Der Gläubige sieht keine andere Wirklichkeit, er sieht auch die toten Blumen, aber er glaubt nicht an den Sieg des Diktators, sondern aufgrund der Auferstehung Jesu an den Sieg des Lebens und der Liebe. Ja, wenn Jesus nicht auferstanden ist, ist unser Glaube sinnlos und hinfällig. So aber steht vor allem Leid und Schmerz ein Vorzeichen, das selbst dem Tod seinen Stachel nimmt. Das Unbegreifliche und nur der Liebe und dem Glauben Zugängliche ist wirklich: der Tote lebt. Unter Tränen kämpft sich das Lachen durch. Das Osterlachen ist ein befreiendes Lachen, kein Galgenhumor, sondern das triumphierende Auslachen des Todes. Das Osterlachen bestätigt die alte Weisheit: „Wer zuletzt lacht, lacht am besten."

Die Auferstehung Jesu selbst wird in den Evangelien nicht geschildert, weil es nicht nur die Möglichkeiten unserer Sprache und Vorstellungen sprengt, sondern auch Raum und Zeit. Wir sind auf Bilder, Symbole, Stammeln und Stottern zurückgeworfen und vor allem auf die Zeugen der Auferstehung
Es waren Menschen, die am Ende waren, verzweifelt angesichts des Desasters am Kreuz, ratlos, ohne jede Erwartung und voller Angst. Dann erlebten sie etwas, das sie vollkommen und nachhaltig veränderte: Sie sagen, Jesus sei ihnen als Auferstandener erschienen, als einer, der in einer uns verborgenen Wirklichkeit Gottes auch unter uns lebt.
Dieses Erlebnis hat sie ganz und gar verändert, so daß sie auch ihr irdisches Leben aufs Spiel setzen, weil sie ein himmlisches Maß erhalten haben. Der Auferstandene gibt ihnen und uns bis heute den langen Atem der Hoffnung: Dummheit, Unrecht, von Diktatoren abgeschnittene Blumen und menschliche Katastrophen sind kein wirklicher Grund verzweifelt zusein.
Mit Ostern protestiert Gott sozusagen gegen das Abschneiden und das Töten der Blumen und der Menschen, gegen den Unsinn, den wir aufführen, gegen das Unrecht, das wir einander antun.
Wenn wir an diese „Frohbotschaft" glauben, hat das Folgen. Paulus vergleicht es in der Lesung mit dem Wegschaffen des alten Sauerteigs der Bosheit und Schlechtigkeit und mit dem Bereitstellen eines neuen Sauerteiges der Aufrichtigkeit und Wahrheit.
Wir sind eingeladen, dem neuen Leben der Liebe, das mit Ostern angefangen hat, Raum zu geben und unseren Alltag damit zu durchsäuern. Ostern ist der

Anfang schlechthin. Ostern heißt: Wir müssen nicht mehr so weitermachen wie bisher.

Ostern heißt: Durch Jesu Auferstehung kann niemand mehr verhindern, daß der neue Frühling kommt, mögen noch so viele Diktatoren Blumen töten. Amen.

Ostersonntag

Apg 10,34a.37-43; Jo 20,1-18 (12.4.2009)

Wahrscheinlich ist es keinem entgangen, welches Aufatmen durch die Menschen und die Medien ging, als vor einigen Tagen der neue amerikanische Präsident Barack Obama von seiner Vision eines atomwaffenfreien Planeten Erde sprach. Offenbar leiden die Menschen nicht nur an einem Kalten Krieg und erst recht an einem „Heißen Krieg", sondern allein schon an der beständigen Bedrohung durch diese ganze Städte und Regionen auslöschenden Waffen. Verbrannte Erde bisher unerreichten Ausmaßes ist durch einen falschen Knopfdruck nicht nur theoretische Möglichkeit, sondern schreckliche Wirklichkeit. So wie viele Kinder und Familien in Palästina durch die ständige Bedrohung ihrer Lebensrechte und die aussichtslose Zukunft traumatisiert sind, so hängen die Atomwaffen wie ein Damoklesschwert über den Häuptern der Menschheit und lähmen viele Friedensbemühungen.

43 Jahre nach dessen gewaltsamen Tod wurde der Traum Martin Luthers Wirklichkeit, indem ein Schwarzer Präsident der USA wurde. So wünschen wir wohl alle von Herzen, dass auch die Vision Barack Obamas Wirklichkeit werde. Es wäre das fürwahr ein Weg in eine bisher nie geahnte Freiheit und Hoffnung! Der Präsident fügte freilich zurecht gleich hinzu, er sei nicht naiv, denn er wisse um die damit scheinbar unüberwindbaren Hürden. Das heißt, er ist Realist genug zu erkennen, dass es ein steiniger und langer Weg sein würde und dass

den Worten Taten folgen müssten. Auch wenn es ein geflügeltes Wort geworden ist „Yes, we can" und Barack Obama viel Optimismus ausstrahlt, er ist kein Schwärmer und kein Wunderwuzzi, der alles recht machen könne. Für mich ist das auch die nüchterne Einsicht in die Grenzen der Machbarkeit von Seiten eines Menschen oder des Menschen überhaupt. Kein Mensch kann die auf ihn projizierten messianischen Hoffnungen erfüllen! Zugleich sehe ich in dem Aufatmen, das in der besagten Vision viele Menschen erfasst hat, dass die Hoffnung auf einen Messias immer noch da ist!

Gehören wir Christinnen und Christen aber nicht zu den Phantasten und Schwärmern, die an einen schon gekommenen Messias glauben, an einen, der alles schon grundsätzlich gut gemacht hat und alles Negative, Belastende, Lebensvermindernde, Einengende, Sterbliche besiegt und selbst dem Tod seinen Stachel genommen hat? Wir haben ja Petrus in der Lesung verkünden gehört: „Gott aber hat ihn am dritten Tag auferweckt. ... Das ist der von Gott eingesetzte Richter der Lebenden und der Toten". Auch im Evangelium werden Petrus und Johannes und vor allem Maria von Magdala zu Zeugen des Auferstandenen.

Werden sie alle die Traumatisierung, die der Tod Jesu ausgelöst hatte, nur los, indem sie sich ausmalen, dass kann doch nicht alles gewesen sein? Die Psyche des Menschen macht ja manchmal seltsame Purzelbäume und blendet nicht ungern unliebsame Wirklichkeiten aus. Ist also der Wunsch der Vater des Gedankens?

Wenn nämlich wirklich der Tod besiegt ist und noch dazu in diesem Tode auch denen, die getötet haben, Verzeihung geschenkt wird, weil sie nicht wissen, was sie tun, dann steht die Welt auf dem Kopf, anders gesagt, dann ist die Welt wirklich in der Wurzel geheilt und uns neues Urvertrauen geschenkt, das selbst angesichts des Todes nicht untergeht. Solche Hoffnung stirbt tatsächlich nicht nur als letzte, sondern nie, denn „Wer Ostern kennt, kann nicht verzweifeln" (Alfred Delp SJ im KZ).

Die Zeugen der Auferstehung werden auch so wie der amerikanische Präsident glaubwürdig sagen, dass sie nicht naiv und einfältig seien. Die Zeugnisse sprechen davon eine deutliche Sprache. In den verschiedensten Auferstehungsgeschichten wird gesagt, dass die Betroffenen zunächst erschrocken und entsetzt waren und dass die Frauen in einem Anfall von Panik geflohen sind. Die Freunde Jesu meinten zu irren, einige glaubten, jemand hätte den Leichnam Jesu gestohlen. Maria von Magdala meinte, den Gärtner zu sehen, Thomas und auch andere zweifelten lange und der Hitzkopf Petrus war wohl auch enttäuscht, als er nur das leere Grab sah.

Naiv Glaubende waren die Zeugen der Auferstehung offenbar nicht, denn es traf auch sie völlig unvorbereitet; es war auch für sie eine bisher unerhörte Botschaft. Es übertraf aller Vorstellungsgabe. Der Wunsch war fürwahr nicht der Vater des Gedanken!

Wohl auch deshalb schreibt Petrus: „Seid stets bereit, jedem Rede und Antwort zu stehen, der nach der Hoffnung fragt, die euch erfüllt; aber antwortet bescheiden und ehrfürchtig" (1 Petr 3,15) – bescheiden und ehrfürchtig, denn nicht Fleisch und Blut hat ihnen dies geoffenbart, sondern der Auferstandene selbst. Es ist nicht in ihrer Phantasie, salopp gesagt, auf ihrem Mist gewachsen. Mit den Worten Barack Obamas gesagt: „No, we cannot!" Aber „Yes, God can"!

Die Auferstehung ist weder Frucht eines Wunschdenkens noch im rationalen oder technischen Zugriff des Menschen, es ist allein Gottes Tat. Mit ihm allein überspringen wir die Mauern des Todes. Auferstehung ist deshalb auch nur dem zugänglich, der seine Möglichkeiten nicht mit denen seines Verstandes gleichsetzt. Doch, wie der Denker Blaise Pascal sagt, „Das Herz hat Gründe, die der Verstand nicht kennt".

Es ist das liebende Herz, das – wie auch in zwischenmenschlichen Beziehungen – Zugang zu diesem Geheimnis des Lebens und der Liebe hat. Petrus, der es wissen möchte und selbst alles in den Griff bekommen will – bis hin, das er zum Schwert greift -, muss noch vieles dazulernen, um auch in diese Dimension des „Liebst du mich?" hineinzuwachsen. Von Johannes, dem „Jünger, den Jesus liebte" (und auch umgekehrt), sagt das Evangelium: „Er sah und glaubte." Maria von Magdala, deren Liebe ganz Jesus galt, erkennt in Jesu Ruf „Maria!" den geliebten Herrn und antwortet mit dem kürzesten Osterbekenntnis der Heiligen Schrift. „Rabbuni!" „Meister!"

Freilich, auch sie muss erfahren, dass man den Auferstandenen nicht festhalten kann, denn in dieser neuen und anderen Lebensweise ist nicht das Materielle und Greifbare der Mittelpunkt des Daseins, sondern was im Innersten die Welt zusammenhält, ist Leben, Beziehung, Liebe, und die Hoffnung, die niemals stirbt, denn Christus ist auferstanden und lebt.

Ja, Gott allein kann vom Tode auferwecken, „we can´t!" Wenn wir aber aus dieser Hoffnung leben, dann gilt zurecht „Yes! We can!" Wir können sehr wohl kraft der dadurch geschenkten Liebe hier und jetzt selbst aufrecht gehen und anderen zur Auferstehung helfen, wie es in einem österlichen Text heißt:

„Wenn ich mich heute einem Menschen konkret zuwende, weil sie jemand erniedrigt hat, ihn jemand geschlagen hat, sie sich verraten fühlt – auch das ist Auferstehung.

Wenn ich heute einem konkreten Menschen Mut mache, weil er nicht mehr weiß,

wie es weitergeht, sie niedergeschlagen ist, er aufs Kreuz gelegt worden ist –
auch das ist Auferstehung.

Wenn ich heute einem konkreten Menschen ein gutes Wort schenke, weil sie Probleme rundum niederdrücken, ihn alles ankotzt, sie sich am Boden zerstört fühlt –
auch das ist Auferstehung." Amen.

2. Ostersonntag
Apg 4,32-35; Jo 20,19-31 (15.4.2012)

„ Am Abend des ersten Tages der Woche hatten die Jünger Jesu aus Furcht vor den Juden die Türen verschlossen." Mit anderen Worten: Sie waren am Boden zerstört und völlig down, ausgebrannt und leer, es war eine Art Burn-out.
Eigentlich kein Wunder, nachdem Jesus, auf den sie sich ganz und gar verlassen hatten, qualvoll am Kreuz gestorben ist. Die Begeisterung für Jesus wich einer niederschlagenden nüchternen Erkenntnis, die ihnen die Stimme verschlug und jeglichen Mut nahm. Der Karfreitag hatte sie sozusagen traumatisiert!
Was gibt ihnen neue Kraft und Hoffnung, Mut für die Zukunft? – Es ist Jesus selbst: seine Auferweckung, die sie neu in Beziehung zu ihm brachte, hat die radikalste Veränderung gebracht, die es überhaupt gibt, denn als der Auferstandene hat er nicht nur alles Bedrohliche und Gefährdende, alle Sinnlosigkeit und Daseinsangst besiegt, sondern sogar die letzte Beziehungslosigkeit und Anonymität, die ja der Tod ist. Jesus hat in ihre Herzen sein unzerstörbares Leben und seine unauslöschliche Liebe ausgegossen, wie Paulus einmal sagt. Vor alles, was eng ist und ängstigt, vor das Versinken ins Nichts, vor die Angst, ein Nobody zu sein oder für immer im Out zu bleiben, setzte er ein positives Vorzeichen. Die Freunde Jesu dürfen durch den

göttlichen Geist der Liebe, denen ihnen Jesus zuspricht, in ein neues mitten aus dem Tod entstandenes Leben voranschreiten.

Dieser Glaube an die Auferstehung Jesu ist das Um und Auf unseres Glaubens, das Ur-Evangelium, wie Paulus im Korintherbrief sagt: „Ist aber Christus nicht auferweckt worden, dann ist unsere Verkündigung leer und euer Glaube sinnlos." (1 Kor 15,14) Alle Sakramente haben ihr Fundament in der Auferstehung Jesu, denn jedes Sakrament ist nichts anderes als das dem einzelnen Menschen in die jeweilige Lebenssituation zugesprochene bedingungslose Ja der Liebe Gottes. Wir dürfen dem Leben vertrauen, weil Gott es mit uns lebt.

Das ist jedoch keine Vertröstung ins Jenseits. Auferstehung nach dem Tod ist auch Auferstehung vor dem Tod! Die Lesung zeigt dies sehr deutlich: Wenn es da heißt „Die Gemeinde der Gläubigen waren ein Herz und eine Seele" so ist das wohl eher ein Idealbild als eine geschichtliche Tatsache. Es bleibt aber jedenfalls eine Tatsache, dass die Auferstehung Jesu eine unwahrscheinliche Dynamik verursacht und eine Entwicklung ausgelöst hat, die kaum zu fassen war: Das kleine Ego, das letztlich hinter unseren alltäglichen Übeln, mit denen wir einander weh tun, aber das genau so hinter den großen Krisen der Welt steht, wird zurückgedrängt und so verhindert, dass das Mehr des Einen vom Weniger des Anderen lebt. So entstand das Wir-Gefühl der Gemeinschaft der Glaubenden: allen gehörte alles.

Gegen allen menschlichen Egoismus haben sie eine Güter-Gemeinschaft, eine Fürsorge-Gemeinschaft begründet. Eine unerhörte geistige Aufbruchsbewegung hat sie erfasst, eine Änderung des Herzens, die sehr wohl auch strukturelle Änderungen zur Folge hatte.

Wer aus dem Geiste Jesu lebt, den beunruhigen die einseitige, menschenunwürdige und unselige Trennungen zwischen Arm und Reich,

Bedürftig und Selbstsüchtig zutiefst und er möchte das Seine zur Gerechtigkeit untereinander und Gleichheit aller beitragen. Eine Möglichkeit, das zu tun, ist wiederum die Caritas-Haussammlung. Auch wenn es diesmal mittels des Zahlscheines im neuen Pfarrblatt geschieht, ist der Wert nicht geringer, ja, Ihre Liebestat sogar größer, weil Sie schenken sogar ohne das freundliche ‚Danke' dessen, der die Gabe entgegennimmt.

Ich bin fest überzeugt, würden sich mehr Menschen von dieser österlichen Dynamik erfassen lassen, dann gäbe es keinen Kasino- und Turbokapitalismus, keine Erste, Zweite und Dritte Welt und keine Finanz-, Wirtschafts- und Ökokrise, hinter denen ja letztlich die Gier nach immer mehr und mehr steht, sondern dann käme es zu einem friedlichen Ausgleich zwischen Arm und Reich.

Mit der Auferstehung Jesu steht und fällt unser christlicher Glaube! Aber gehen wir nicht oft zu schnell zur Tagesordnung über, ohne zu fragen: Was ist die Auferstehung? Den Tod kennen wir, aber niemand von uns hat je Auferstehung erlebt und an sich erfahren. Diese Frage darf und soll uns Christen zu Recht umtreiben. Der Apostel Thomas, der oft etwas abschätzig „ungläubig" genannt wird, steht für diese Frage. Er ist nicht der Skeptiker, wie er im Buch steht. Er gehört vielmehr zu denen, die ihren Weg nicht leichtfertig gehen, sondern durch Hinterfragen nach Orientierung und neuer Versicherung suchen.

Er gehört zu denen, über die der große Soziologe P.L. Berger das Buch geschrieben hat „Lob des Zweifels". Der Autor schildert darin die Wichtigkeit auch immer wieder zu zweifeln und die rechten Fragen zu stellen, um zwei Straßengräben zu vermeiden, den der leichtgläubigen Fundamentalisten in Politik und Religion, die allzu schnell ihr eigenes Denken und ihre Verantwortung an der Garderobe abgeben und andere – die ‚Führer' – denken lassen, und den Straßengraben der totalen Relativisten, die selbst die durch Erfahrung gewonnenen Erkenntnisse nicht gelten lassen.

Übrigens, recht verstandener Gehorsam in der Kirche darf auch nie ein absoluter sein, der mich vom eigenen Gewissen entbindet. Auch hier gibt es zwei Straßengräben, nämlich den, dass ich unhinterfragt zu allem Ja und Amen sage, und den, dass ich mich aus dem notwendig dialogalen Prozess der Wahrheitsfindung hinausmanövriere, also meine, ich allein hätte die Wahrheit und mich nicht mehr von der größeren Gemeinschaft der Kirche hinterfragen ließe.

Der so genannte ‚ungläubige Thomas' ist mir sehr sympathisch als Mensch zwischen all diesen Straßengräben und er darf uns durchaus ein Vorbild sein. Er stellte schon vorher einmal an Jesus die ganz wichtige Frage: „Herr, wir wissen nicht, wohin Du gehst. Wie sollen wir den Weg kennen?" (Jo 14,5) – wo doch für ihn und für uns, damals und auch heute, das Leben oft ein ausweglosen Labyrinth oder eine höchstgefährliche Odyssee zu sein schien.
„Thomas hat Fragen. Aber er frisst sie nicht in sich hinein, er bleibt im Gespräch mit den anderen Jüngern. Und die bedrängen ihn nicht im Bekehrungseifer, sie setzen ihn nicht vor die Tür, weil er unbequem ist. Er hat mit seinen bohrenden Fragen und Zweifeln Raum in ihrer Gemeinschaft. Man muss sich dort seiner Zweifel nicht schämen." (Franz Kamphaus, Gott ist kein Nostalgiker, 94) So treibt ihn auch die zentrale Frage nach der Auferstehung um. Er möchte der Sache auf den Grund gehen. Er will's wissen: Ich glaube nur, wenn ich sehe und den Herrn ganz wörtlich be-greife: „Wenn ich nicht an seinen Händen das Mal der Nägel sehe und meinen Finger in eine Seite lege, glaube ich nicht"(Joh 20,25). So will er erfahren, was die anderen erzählen: Er, der am Kreuze gestorben ist, ist in Leiden und Tod wirklich nicht untergegangen. Jesus ist jedenfalls offen für den fragenden, zweifelnden und widerständigen Jünger. Es ist ein fragender und schließlich tastender Glaube.

Muss nicht jeder Christ die Kinderschuhe des Glaubens ausziehen und die bloße „Milch der frommen Denkungsart" aufgeben, sich also nicht abfinden mit dem Vorgegebenen, sondern selbst fragen, denken und tastend sich zu einem Erwachsenenglauben bewegen?

In allen profanen Berufen spricht man von „lifelong learning". Auf dem Weg zu einem Erwachsenenglauben darf es nicht anders sein – und auch da wird es manchmal nur mit ‚trial and errors' gehen, also auch durch Versuch und Irrtum hindurch, bis ich immer wieder sage kann: „Scio cui credidi" (Ich weiß, wem ich geglaubt habe)

Wir sind also zu Recht kritisch, um nicht jedem, der uns Rezepte für unseren Lebensweg gibt, hereinzufallen. Wenn Jesus dem Thomas auf seine Frage nach dem rechten Weg antwortet, er sei „der Weg, die Wahrheit und das Leben" (Jo 14,6), so löst er dieses Wort durch sein Leben der äußersten Liebe bis zum Tod am Kreuz ganz ein. Er steht mit seinem Leben dafür ein, dass auch unser Lebensweg keine Odyssee, kein Labyrinth und keine Sackgasse ist, sondern ein guter Weg mit ihm als Begleiter und Beschützer durch alle Krisen hindurch zur Fülle des Lebens führt.

Ich glaube, das war noch ein tieferer Sinn in der Frage des Thomas nach dem Berühren der Wundmale. Es ist m. E. die Ablehnung eines teilnahmslosen „ET" (extra-terrestrian) Gottes, der fernab von uns Menschen und unserem oft so leidvollen Schicksal jenseits der Wolken schwebt; die Frage des Thomas ist die zutiefst menschliche Frage nach einem mitmenschlichen Gott, es ist die Sehnsucht nach einem liebenden solidarischen Gott, der mit unserer Schwäche mitfühlen kann und der wie wir auch mit Schreien und Tränen Gebete und Bitten vor Gott hinträgt (vgl. Hebr 4f; Jes 52f). Auf die ehrliche und glaubwürdige Antwort Jesu durch das Zeigen seiner Wundmale kann Thomas gläubig sagen: „Mein Herr und mein Gott!" Amen.

6. Ostersonntag

1 Joh 4,7-10: Joh 15,9-17 (13.5.2012)

„Es gibt keine größere Liebe als wenn einer sein Leben für seine Freunde hingibt. Ihr seid meine Freunde, wenn ihr tut, was ich euch auftrage. Ich nenne euch nicht mehr Knechte, …Vielmehr habe ich euch Freunde genannt." - Diese Worte Jesu aus den Abschiedsreden Jesu im heutigen Evangelium haben mich zur Anrede an Sie als Freunde Jesu veranlasst. Sie sind zugleich eine Einladung, über Freundschaft überhaupt nachzudenken. Leichter ist es wohl zu sagen, was Freundschaft nicht ist als was sie ist.

Freundschaft ist sicherlich keine Geschäftsbeziehung, denn da schaut jeder, dass er auf seine Rechnung kommt. Die Wirtschaft etwa muss zu Recht mit Zahlen und mit Kalkulation auf Erfolg rechnen. Freundschaft hingegen ist nicht berechnend, denn sonst wäre der Wurm von Anfang an drin. Das heißt: Ich habe niemand gerne, damit er/sie mir Freund/in ist. Man merkt die Absicht und ist verstimmt. Der absichtslose Liebende wird zwar vom geliebten Freund reich beschenkt, aber Freundschaft ist und bleibt Geschenk und kein Verdienst!

Gottes Beziehung in Jesus zu uns ist absichtslose und selbstlose Liebe. Gott liebt, ohne dass er für sich etwas haben wollte; es ist kein Geschäft, bei dem für ihn etwas herausschauen sollte: „So sehr hat Gott die Welt geliebt, dass er seinen Sohn für sie hingab, damit jeder, der an ihn glaubt, nicht zugrunde geht, sondern das ewige Leben hat" (Joh 3,16). Und es ist nicht so, dass Gott sich auf unser flehentliches Bitten gleichsam herab lässt oder den wir wie die Götter uns gnädig stimmen müssen, sondern es ist Gott selbst, der die Initiative dieser Freundschaft ergriffen hat: „Liebt einander, so wie ich euch geliebt habe… Nicht ihr habt mich erwählt, sondern ich habe euch erwählt."

Freundschaft ist auch keine Versicherung, die man abschließt, um für den Fall des Falles, also in der Not, auf Nummer sicher zu gehen. Der eigene Beitrag zu einer Versicherung erwartet zu Recht eine Gegenleistung. Wir alle haben und brauchen Versicherungen – in der Hoffnung freilich, dass nie der Notfall eintritt, sie in Anspruch nehmen zu müssen! Echte Freundschaft wird sich freilich auch in der Not zeigen und sich darin bewähren, ohne jedoch eine Reaktion auf die bezahlte Versicherungsprämie zu sein. Für manche Menschen ist wohl auch ihr Glaube eine Art Versicherung für den Ernstfall, dass es doch Gott gäbe!

Im Glauben begründete Freundschaft ist jedoch keine Versicherung! Der sonntägliche Gottesdienstbesuch ist keine wöchentliche Prämie, um mir meine Eintrittskarte in den Himmel zu sichern. Meine guten Werke sind kein selbst erworbener Schlüssel für das Himmelreich.

Religion und Glaube sind vielmehr ein Wagnis und Absprung ins Ungewisse - nicht in einer verfügbaren Sicherheit (lateinisch ‚securitas'), sondern in der Vertrauensgewissheit (lateinisch ‚certitudo'), nie tiefer zu fallen als in die Hände eines mich liebenden mütterlich-väterlichen Gottes.

Freundschaft ist auch keine „Freunderlwirtschaft", wo eine Hand die andere wäscht und jeder schaut, seine Beziehungen (sein Vitamin B) zu seinem Vorteil auszunützen. Geschieht dies in legalem Rahmen, mag dies okay sein, doch nicht selten gelangt man in eine Grauzone, die moralische Grenzen überschreitet und nicht weit weg von Korruption liegt. Die Komplizenschaft mit anderen ist nicht selten ein Instrument der gegenseitigen Entlastung und der Schuldverdrängung. Man weist deshalb auf die eigene weiße Weste hin und beteuert seine Unschuld.

Aktuelle Beispiele aus Wirtschaft und Politik werden uns mundgerecht fast täglich in den Medien serviert, sodass man sich als ‚kleiner Mann von der Strasse' auf die Schultern klopfen kann, denn im Vergleich zu denen da oben in

Politik und auch Kirche ist ja man selbst wirklich ein Unschuldslamm. Vielleicht freilich entdecken wir bei genauerem Hinsehen auch bei uns selbst in unseren eigenen kleineren Möglichkeiten ähnliche Verhaltensmuster, sodass hier Jesus auch zu uns sagen könnte: „Wer ohne Schuld ist, werfe den ersten Stein!"
Gottes Freundschaft mit uns ist alles andere als ‚Freunderlwirtschaft', denn vor Gott sind alle gleich und es wird niemand bevorzugt. Gott ist allerdings auch parteiisch, wenn es darum geht, sich auf die Seite derer zu stellen, die durch ‚Freunderlwirtschaft' anderer nachteilig behandelt oder gar als die Kleinen und Schwachen ausgebeutet werden.

Wie wir es in diesen Jahren leidvoll erleben, sind auch Menschen der Kirche nicht davor gefeit, von Freundschaft zu reden, aber das Gegenteil zu tun.
Dies ist der Fall, wenn Autoritätsverhältnisse schamlos ausgenützt werden wie etwa bei den Missbrauchsfällen. Es ist auch schlimm, wenn die kirchliche Ämterhierarchie, die ein Dienst für das ganze Volk sein sollte, als persönliche Karriereleiter gebraucht oder das zugesprochene Dienstamt zu „Heiliger Macht" über andere missbraucht wird.
Auch in der Diskussion um den Aufruf zum Ungehorsam würde das Eingeständnis, dass wir einander auf Augenhöhe begegnen sollten und darauf angewiesen bleiben, gemeinsam auf Gott zu horchen und seinen Willen zu suchen, manches entkrampfen und mehr die uns geschenkte Freundschaft Gottes widerspiegeln. Unter Freunden sollte es keine Befehle und Dienstanweisungen geben, sondern ein gegenseitiges Vertrauen!

In den Abschiedsreden Jesu ist uns Jesu Testament, also das, was Ihm das Wichtigste ist, offenbart, die Beziehung zu Gott Vater und seine Freundschaft mit den Menschen.
Er hat seine Liebe zum Vater auch gepflegt. Immer wieder heißt es, dass er in die Nacht, auf den Berg, in die Einsamkeit der Wüste ging, um beim Vater zu

sein, mit ihm zu reden, zu beten. Die ‚Pflege' der Beziehung war ihm nicht ein äußerer Auftrag, sondern eine innere ‚Pflicht', um in der Vertrautheit mit dem Vater zu bleiben und zumal in Krisenzeiten, etwa in den Versuchungen in der Wüste, am Ölberg oder am Kreuz, Kraft vom Vater her zu schöpfen.

Man kann vielleicht sagen: Auch Jesus hat ‚Beziehungsarbeit' geleistet. So sehr Liebe und Freundschaft Geschenk sind, auch zwischen Menschen, zumal zwischen Ehepartnern, bedarf es der Zeit zur Pflege der Beziehung, also des ehrlichen und offenen Gespräches miteinander. Aus dieser Erfahrung sagt Teresa von Avila: „Beten ist wie ein Gespräch mit einem Freund, mit dem ich gerne und oft zusammenkomme". Und Augustinus folgert aus der inneren Dynamik der Liebe: „Ama et fac quod vis" (Liebe und tue, was du willst!)

Ein für mich prägende Dimension von Freundschaft kommt im Wort „bleiben" zum Ausdruck; es kommt im Evangelium einige Male vor. Bleiben heißt: nicht davonlaufen, nicht aufgeben, Geduld haben. Echte Freundschaft zeigt sich darin, dass sie nicht von der Gunst des Augenblicks abhängt, von der eigenen Laune, oder davon, ob es mir taugt oder nicht, ob ich davon etwas habe oder nicht. M.a.W.: Echte Freundschaft zeigt sich in der Treue!

Jesu hat selbst dieses „Bleiben", dieses Mit-uns-solidarisch-Sein vorgelebt und durchgetragen bis zum Tode am Kreuz, bis zur Hingabe seines Lebens für uns. Er ist kein bloß virtueller ‚friend' auf einem Facebook, sondern er hat real aus Liebe zu uns sein Leben hingegeben. Jesus meint fürwahr nicht nur ein Kuschelgefühl, sondern die Hingabe für den anderen – das, was wir jetzt feiern!

Sollten nicht auch wir unsere Beziehung zu Gott im persönlichen Gebet oder im Gottesdienst unabhängig von der jeweiligen Tagesverfassung pflegen, so dass es uns zu einer inneren Verpflichtung wird? Die Gebote, die zu halten uns Jesus einlädt, sind keine Paragraphen und Verbote, sondern Wegweisungen zu mehr Leben und Freiheit, also zu tieferer Freundschaft – oder in den Worten des Evangeliums: zu mehr Freude. Nietzsche müsste dann wohl den Christen nicht mehr vorwerfen: „Erlöster müssten die Christen ausschauen, damit ich an ihren Erlöser glauben kann."

Gibt es auch zwischen uns Menschen die Erfahrung solcher bedingungslosen Liebe und Freundschaft? Es ist die mütterliche Liebe, die ohne Wenn und Aber, also ohne Vorausleistung dem Kinde gilt. Jesus spricht gelegentlich von dieser mütterlichen-fraulichen Seite Gotte, z.B. wenn er sagt dass Gott wie eine Henne ihre Kücklein sammelt oder dass die Frau das ganze Haus nach der verlorenen Drachme sucht. - Es ist heute der Muttertag, also der Tag, allen Müttern und - unabhängig vom biologischen Geschlecht - allen Mensche zu danken, die diese mütterliche Seite der Freundschaft und Liebe anderen weiterschenken. Solche mütterliche Liebe schenkt nicht nur den Kindern das unbedingt notwendige Urvertrauen, sondern sie gibt uns auch eine Ahnung dessen, was Gott in Jesus Christus uns geschenkt hat und immer wieder neu schenkt! Diesen mütterlichen Menschen sage ich im Namen aller ein aufrichtiges „Vergelt`s Gott!". Amen.

11. Sonntag
Ez 17,22-24;Mk4,26-34(17.6.2012)

Die Bibel überliefert uns verschiedene Gottesbilder. Bekannt und beliebt ist wohl das des guten Hirten. Heute treffen wir in beiden Lesungen auf ein anderes Gottesbild, nämlich auf das Bild Gottes als Gärtner oder Bauern. Auch das entstammt einer agrarischen Gesellschaft und hat auf den ersten Blick wenig mit unserer industriellen Gesellschaft zu tun.
Wenn ich aber in unseren Zeitungen fast täglich Artikel über Gärtnerei und Baumschulen finde, wenn ich daran denke, wie sehr wir uns freuen, dass wieder ein paar Bäumchen vom mobilen Stadtgrün auf unserem Kirchenplatz stehen oder wenn ich sehe, wie auch viele Pfarrbewohner ihre kleinen

Vorgärten oder ihre Schrebergärten liebevoll pflegen und hegen, dann muss doch eine tiefere Bedeutung hinter diesem Bild Gottes als Gärtner stehen.

Ein großer Künstler der Moderne – Emil Nolde – hat 1940, also bereits in der finsteren Zeit des 2. Weltkrieges, ein berühmtes Bild Gottes mit dem Titel „Der große Gärtner" als ein Bild der Hoffnung und der Zuversicht gemalt.

Dass der Baum in allen Religionen und zumal auch in der Bibel vom ersten bis zum letzten Buch, von der Genesis (Gen 2-3) bis zur Offenbarung (Offb 7,1-3) eine große Rolle spielt, ist eine Tatsache. Im Zusammenhang mit unserer heurigen Erstkommunion mit dem Motto „In Gott verwurzelt" haben wir mit Kindern und Eltern oft über Bäume und deren Bedeutung nachgedacht.

Ein paar Sätze von Dichtern und Weisen, die hinter die Oberfläche schauen, mögen uns die Augen und noch mehr das Herz für die Bedeutung des Baumes öffnen.

So sagt Dostojewski: „Wissen Sie, ich kann nicht begreifen, wie man an einem Baum vorübergehen kann, ohne glücklich zu sein darüber, dass man ihn liebt."

Hermann Hesse meint: „ Nichts ist heiliger, nichts ist vorbildlicher als ein schöner, starker Baum."

Kahlil Gibran fügt dem hinzu: „Bäume sind Gedichte, die die Erde in den Himmel geschrieben hat."

Bert Brecht fragt nachdenklich: „Was sind das für Zeiten, wo ein Gespräch über Bäume fast ein Verbrechen ist, weil es ein Schweigen über so viele Untaten einschließt."

Brecht lobt den Menschen, der beim Anblick des Baumes nicht nur an die Festmeter denkt, also an seine Nützlichkeit, und keinen Blick mehr hat für dessen tiefen Symbolgehalt.

In der Hitze des Sommers verstehen wir wohl die Anmerkung von Günther Aich: „Wer kann leben ohne den Trost der Bäume?"

Wir dürfen durchaus schon an heißere Sommertage denken, an denen wir im Schatten großer Bäume mit dichtem Laub die Seele baumeln lassen. Ich denke, dass hinter all diesen Weisheiten die Ahnung steht, dass der Baum etwas Geschenkhaftes an sich hat; man kann Bäume nicht machen und produzieren, sondern sein Sein und Wachstum sind Geschenk trotz allem, was wir dazu beitragen mögen! Sagen wir es theologisch: dass er ein Bild für Gottes Gnade ist.

Beide biblische Lesungen sprechen heute von Bäumen und Pflanzen, die von selbst wachsen und unter denen wir Ruhe haben und Kraft schöpfen und in deren Geäst wir Gemeinschaft und Frieden finden. Damit sind aber keineswegs weltfremde idyllische Bilder gemeint. Es ist nicht die Rede vom Niemandsland Utopia, sondern es ist die Rede von der Wirklichkeit des Reiches Gottes in unserer Kirche und in dieser Welt, wie sie nun einmal sind.

Wir wissen: Kirche und Welt sind ja fürwahr nicht am besten bestellt. Stichworte für die Krisen in der Kirche mögen heißen: Reformstau, Zentralismus, Kirchenaustritte, Priestermangel, Vatileaks usw.

Für die Welt genügen beispielhaft die Finanz- und Ökokrise, das Abholzen der Regenwälder, die wachsende Kluft zwischen Arm und Reich, Geld für die Banken, aber nicht für bedürftige Menschen usw. Trotz der Warnung Bert Brechts anbetracht so vieler Untaten reden wir über Bäume und vor allem über Gott als Gärtner, denn gerade in Zeiten wie diesen bedürfen wir dieser Zusage der Zuversicht und Hoffnung.

Die Botschaft des Propheten Ezechiel in der Lesung ist an das Volk Israel in der Babylonischen Gefangenschaft gerichtet, fürwahr eine schlimme Zeit, in der das verschleppte Volk Israel verständlicherweise Angst hatte und alle Hoffnung verkümmert war. Israel war ein „verdorrter Baum", reif zur Entsorgung. Die

Glieder des Volkes Gottes werden gejammert und geklagt und irgendwo Schuldige gesucht haben!

Kennen wir nicht auch diese Situation anbetracht unserer eigenen Kirche, des Volkes Gottes von heute? Ich selbst frage mich auch: Wie soll das weitergehen? Mein Blick bleibt oft bei unseren eigenen Schwächen, bei den typischen ‚heißen Eisen' der Kirche hängen. So wichtig sie sind, so bergen sie die Gefahr einer Nabelbeschau und des Stehenbleibens bei der Frage, was wir machen können. Unsere Ressourcen erscheinen sehr klein und ohnmächtig. Die Folge mag sein, dass wir eher uns krank jammern.

Mitten in diese Misere verkündet der Prophet, dass Gott selbst einen Zweig von dem verdorrten Baum nimmt und einen neuen Baum heranwachsen lässt, der reiche Frucht bringt und in seiner Größe und Fülle Raum für die Vögel des Himmels bietet.

Mitten in die Krise hinein traut uns Gott zu, dass er einen neuen Anfang setzt und neu die Bäume grünen lässt, d.h. dass trotz allem Weh und Ach unserer Tage das Reich Gottes unaufhaltsam im Kommen ist – mit uns und wohl auch gelegentlich gegen uns.

In den beiden Wachstumsgleichnissen des Evangeliums greift Jesus das Geschenkhafte des Reiches Gottes auf: Gott hat als Sämann die Initiative und steht treu zu allem, was er beginnt: Das Reich Gottes kommt unaufhaltsam, denn Gott selbst verbürgt sich dafür: „Der Same keimt und wächst und der Mann weiß nicht wie. Die Erde bringt von selbst ihre Frucht." Das kleinste aller Samenkörner, das Senfkorn, wird größer als alle anderen Gewächse.

Ich bin überzeugt, das Jesus keinesfalls einlädt, unser Denken aufzugeben und die Hände in den Schoß zu legen, aber eines möchte er sicher: den Druck von uns nehmen, als ob wir das Reich Gottes erzeugen und uns deshalb noch immer mehr anstrengen müssten – bis wir alle völlig fertig sind und in einem Burn-out landen.

Es ist eine Einladung Jesu, nicht uns selbst als die großen religiösen Machos und Heros zu sehen und dementsprechend Gas zu geben – analog zu den Gesetzen der Wirtschaft, wo ja auch der Output der investierten Leistung entsprechen muss, sondern wir dürfen uns auch immer wieder entspannt zurücklehnen, etwa auch in Vorfreude auf den Urlaub und die Ferien; wir dürfen es im Vertrauen darauf, dass Gott selbst der Gärtner ist, der das Wesentliche in Jesus Christus schon getan hat: „Hat er uns in ihm nicht alles geschenkt?" (Röm 8,32)

Das heißt auch, dass wir einander nicht in unserem Reformeifer überfordern sollten, denn sonst geschieht etwas Ähnliches wie bei der neuen Gesundheitsreligion, dass wir - analog dazu - meinen: Wenn wir uns nur genügend anstreben, können wir das Reich Gottes gleichsam herstellen und machen.

Der Innsbrucker Dogmatiker Josef Niewiadomski warnte vor ein paar Tagen vor zu hohen und falschen Ansprüchen an Priester als „Moralinstanzen" und „Tugendhorte". Diese Warnung gilt für uns alle, denn das seien, wie er wörtlich sagt, „Wunschvorstellungen, die sich vor allem aus den mit Weihwasser übergossenen Managementstrategien ableiten. ... Jeder soll tun, was er halt (noch mit Freude) tun kann und sich an Papst Johannes XXIII. erinnern: ‚Giovanni, nimm dich nicht so wichtig'." Mit nur moralisierenden Ansprüchen wird das Verständnis für Gnade verbaut. Damit würde das Zentrum unseres Glaubens, das Gottvertrauen, untergraben.

Beide Lesungen ermuntern uns zum Vertrauen auf das unvermutete und unerwartete Mehr, das in Gott allein begründet ist. Wir dürfen daran glauben, dass Gott auch in unserer Kirche und in uns selbst die Zweige findet, die er zu neuen Bäumen heranwachsen lassen kann.

Noch eine Nebenbemerkung: Die Vögel in den Bäumen sind nicht eine romantisch-idyllische Verbrämung des Bildes vom Baum, sondern Gärtner wissen sehr wohl, dass Vögel den Ernteertrag sehr wohl gefährden. Ich denke, Ezechiel und Jesus wollen sagen, dass Gott keine Vogelscheuchen aufstellt, um allzu bunte Vögel zu vertreiben, denn das Reich Gottes ist so groß, dass sie viele bunte Vögel verträgt, also ein großer Baum, der nach allen Seiten hin offen ist und einlädt und keine Sanktionen gegen jene androht, die für manche vielleicht unerwünscht und lästig scheinen.

In diesen Tagen zählte jemand als Grund für seinen Kirchenaustritt die vielfältigen Fehler der Kirche im Laufe der Jahrhunderte auf und er schrieb an mich: „Durch meinen Austritt will ich für mich persönlich einen Neustart wagen und einen neuen Weg zum christlichen Glauben finden. Dieser radikale Schritt ist mir wichtig. Häuser, deren Renovierung sich nicht mehr lohnt, werden schließlich abgerissen, um sie schlussendlich besser und moderner zu errichten." - Respekt vor dem guten radikalen Willen dieses Menschen, aber überfordert er sich nicht genau so wie wir alle, wenn wir meinen, die Kirche sei allein auf unserem guten Willen und unserem Tun und Können begründet?! Vertrauen wir darauf, dass Gott bei uns ist? Allein kann man übrigens nicht Christ sein.

Die Lesungen des heutigen Sonntags von Gott als guter Gärtner sind für diesen Briefschreiber und für uns alle eine Frohbotschaft, denn sie nehmen den Druck, die Kirche von uns aus allein reformieren zu müssen, und sie geben uns vor allem die Kraft der Gelassenheit und des Vertrauens, dass Gott alle Tage bei uns sein wird und er immer wieder verdorrte Zweige zu neuen frischen Bäumen heranwachsen lässt. Dieses Vertrauen gibt uns zugleich die Kraft, in Gelassenheit das uns Mögliche zur Reform der Kirche und zum Heil der Menschen beizutragen. Amen.

Christi Himmelfahrt

Apg 1,1-11; Mk 16,15-20 (2003)

'Wer glaubt, hat's nötig." Das ist wohl die Einstellung so mancher Zeitgenossen zu Glaube und Religion. Dahinter steht die Meinung, dass Religion etwas für schwache Naturen sei, also für Lebensuntüchtige, die sich in der Welt nicht gut zurechtfinden und deshalb den Himmel als Anhalt und Anwalt brauchen.
Es ist dies eine andere Form des klassischen Vorwurfes, dass Religion Vertröstung auf den Himmel sei, Opium des Volkes, ein Art Betäubungsmittel oder Droge. So werden die auf Erden Benachteiligten mit Versprechungen einer ewigen Seligkeit bei der Stange, d.h. bei der Arbeitskraft gehalten; die Herren vertrösten damit die von ihnen ausgebeuteten Knechte.
Ist nicht das heutige Fest ‚Christi Himmelfahrt' die biblische Rechtfertigung dafür? Verweist uns dieses Fest nicht darauf, den Blick zum Himmel zu richten, also dorthin, wohin uns Jesus vorausgegangen ist?

Es gab wohl Zeiten, in denen der Blick allzu einseitig und schnell auf den Himmel ausgerichtet war und wo dies von Machthabern zur Zementierung ungerechter Verhältnisse mißbraucht wurde. In Diktaturen, in einigen freikirchlichen südamerikanischen Gruppen, die sich von Geldmagneten gebrauchen lassen, in mancher Frömmigkeitsform besteht diese Gefahr bis heute. Aber grundsätzlich muss der gesunde christliche Glaube immer wieder die Balance suchen zwischen Beten und Arbeiten, Mystik und Politik, Kontemplation und Kampf, zwischen Weltzuwendung und Offenheit über diese Welt hinaus.
Ich denke, dass heute eher die Gefahr in der anderen Richtung besteht: Wurde früher gelegentlich die Erde vernachlässigt, unterbewertet oder gleichsam abgeschafft, so wird heute eher der Himmel vernachlässigt, ausgeblendet und

abgeschafft. Was bleibt dann übrig als auf die Erde zu vertrösten und sie zur Quelle aller Glückseligkeit zu machen?!

So sind große Industriezweige dabei, das Paradies auf Erden zu versprechen und alles zu tun, dass die Menschen glauben, der Himmel sei hier auf Erden machbar: der abgeschaffte Himmel findet seinen Ersatz im Urlaubs- und Konsumparadies, im Unterhaltungs- oder Beziehungsparadies. Denn eines ist sicher: des Menschen Sehnsucht ist nicht so leicht zu stillen, wie es sich viele vorstellen oder versprechen.

Ich habe den Eindruck, dass aus der Abschaffung des Unterschiedes zwischen Himmel und Erde ein ungeheurer, ja mörderischer Druck auf uns liegt, denn es ist verdammt hart, der Beste zu sein, nur das Beste zu bieten, alles machen zu wollen, alles füreinander sein zu müssen. Es ist nicht nur hart, es ist unmöglich und bleibt eine frustrierende Überforderung.

Materielles, ein schönes Auto, ein dickes Bankkonto, ein Leben in Saus und Braus, kann die Sehnsucht der menschlichen Seele nicht erfüllen; am ehesten noch gelingende Beziehung, Freundschaft und Partnerschaft, aber selbst der liebste Mensch kann für den anderen nicht ‚alles', d.h. nicht ‚Gott' sein.

Ich frage Sie: was ist nun besser: die Vertröstung auf den Himmel oder die Vertröstung auf die Erde? Beides ist falsch. Aber ich bin überzeugt, es gibt beide - Himmel und Erde - und es bedarf des Unterschiedes und der nicht einseitig aufhebbaren Spannung zwischen beiden - um des Menschen und seines Heiles willen!

In unserer Zeitepoche ist wohl die Vertröstung auf die Erde stärker - eine Vertröstung, die sich inzwischen tatsächlich als Betäubungsmittel erwiesen hat, denn die weltlichen Paradiese halten ihre Versprechen nicht. Immer mehr erfahren wir, was Eugen Ionesco schon vor 30 Jahren sagte: „Die Menschen gehen auf ihrem Planeten im Kreis wie in einem Käfig, weil sie vergessen haben, dass sie nach dem Himmel sehen können." - Nicht den vorschnellen und einseitigen, sondern den rechten Blick zum Himmel will uns das heutige Fest wohl zeigen.

Ein Blick zurück auf das vergangene Jahrhundert zeigt, zu welch verheerenden und tödlichen Folgen es führen kann, wenn Menschen der Versuchung nachgeben, den Unterschied zwischen Himmel und Erde einzuebnen und des Menschen Sehnsucht hier auf Erden stillen zu wollen: man erreicht genau das Gegenteil von dem, was man anstrebte: statt Leben in Fülle Massentod.

Überall wo im 20. Jahrhundert der Griff nach dem Absoluten vom Menschen versucht wurde, wo der Mensch der Faszination des Ganzen erlegen ist, kam statt dem erwarteten Reich der Gerechtigkeit, der Liebe und des Friedens, ein Reich des Schreckens, eine Tyrannei des Absoluten, in dem der Einzelne nichts gezählt hat und auf dem Altar der Ideologie geopfert wurde. Die schönen Worte ‚In treuer Pflichterfüllung bis zum letzten und in Liebe zum Führer und Vaterland' klingen schon mehr wie Hohn als wie Trost. Mehr als Vertröstung waren sie jedenfalls nicht. Die Vielfalt der Einzelnen, wie sie im Volk Gottes zählt und im Reich Gottes durch die Gnade der Vernetzung ihre Vollendung findet, steht in totalem Gegensatz zu allen verwüstenden Einheitsideologien des vergangenen Jahrhunderts, ob sie nun ganz rechts oder ganz links angesiedelt waren.

Wir Christen glauben, dass Jesus selbst ein Opfer eines knechtenden geschlossenen Systems geworden ist. Wir glauben aber auch, dass er diese Tyrannei durch den Abstieg zu deren äußerster Konsequenz, zum Tod, gesprengt und besiegt hat und die Welt wieder für die göttliche Dimension geöffnet hat.

Eine andere Gestalt, Erde und Himmel einzuebnen, ist die Versuchung, das Vorläufige dieser Welt zu leugnen und den Vorgriff auf das Ganze zu tun. Wer kennt nicht solche politischen Vorgriffe auf das Ganze. Es kommt ja bereits in

den typischen Worten zum Ausdruck, etwa ‚Weltkrieg', ‚klassenlose Gesellschaft', ‚Endlösung', ‚Holocaust'. Alle Verfechter dieser Ideologien meinten, den letzten Kampf zu schlagen und siegreich zu beenden.
Es gibt nicht nur den politischen, sondern auch den ungerechtfertigten religiösen Vorgriff. Auch Kirche wurde am selben Fehler der Ungeduld schuldig, wo sie nicht oder zu wenig unterschieden hat zwischen Reich Gottes und Kirche mit all ihren Vorläufigkeiten und Fehlern und wo sie mit Kreuzzügen oder Gewalt Gottes Herrschaft aufrichten wollte. Religiöse fundamentalistische Gruppen und sektiererische Strömungen versündigen sich bis heute ebenso am Unterschied zwischen Himmel und Erde, wenn sie selbst das Unkraut vom Weizen trennen und eine Gemeinschaft der Reinen hier auf Erden herstellen wollen.

Jesus weiß, dass man das Heilige nie ganz in Griff bekommen kann. Er selbst riskiert sein Leben in der Vorläufigkeit und Bruchstückhaftigkeit menschlichen Unterwegsseins, weil er sich nochmals getragen weiß vom größeren Vertrauen auf die Vollendung , die der Mensch nicht machen kann, die aber Gott allen, die ihm vertrauen, schenkt. Wir feiern heute, dass dieses Vertrauen Jesu auf ewige Vollendung, auf das Ganze, auf die Fülle des Lebens nicht ins Leere ging, sondern erfüllt wurde. Das heißt ‚Himmelfahrt Christi'.
Jesus lebte als Mensch in der Endlichkeit der Zeit und nahm deren Begrenztheit an. Er lebte nur 33 Jahre, hatte also keine langfristige Lebensplanung, aber er nützte diese Zeit und den Augenblick, die Liebe zu leben - im Vertrauen, dass dadurch Spuren gelegt werden, die in die Ewigkeit reichen.
Er wollte nicht, wie viele heute, alles, und das ‚subito', plötzlich, haben, sondern er nützte den Augenblick, um Gutes zu tun, und öffnete so die Zeit für das, was in Ewigkeit bleibt und allein im Himmel seine Vollendung findet.

Viele Menschen tun sich heute schwer, diese Spannung zwischen ‚schon und noch nicht' zu leben. Aber wer in die Bruckstückhaftigkeit des Lebens und in die

Vorläufigkeit der Zeit alles hineinpressen möchte, tut sich und anderen nichts Gutes. Alles Einebnen des Unterschiedes zwischen Erde und Himmel, alles Nivellieren der Spannung zwischen 'schon und noch nicht' vergisst auf die einzige Brücke hin zum Himmel und damit zur Vollendung: das Vertrauen, m.a.W. den Glauben, die Hoffnung und die Liebe. Wer glaubt, hofft und liebt, der hat schon das ewige Leben; für den beginnt auf Erden bereits der Himmel.

Um meine Überlegungen über den notwendigen Unterschied zwischen Himmel und Erde nicht als falsche Vertröstung zu verstehen, schließe ich mit einer chassidischen Geschichte, in der die Brücke zwischen Himmel und Erde als nüchterne Tat der Liebe sichtbar wird:
"Von einem frommen Rabbi ging die Sage, dass er jeden Morgen vor dem Frühgebet zum Himmel emporsteige. Ein Gegner des Rabbi, ein frommer Gelehrter, lachte darüber und legte sich vor Morgengrauen auf die Lauer. Da sah er: der Rabbi verließ, als Holzknecht verkleidet, sein Haus und ging zum Wald. Der Gelehrte folgte von weitem.
Er sah den Rabbi ein Bäumlein fällen und in Stücke hacken. Dann lud sich der Rabbi das Holz auf den Rücken und schleppte es zu einer armen, kranken, einsamen Jüdin. Der Gelehrte blickte durch das Fenster. In der Stube kniete der Rabbi am Boden und heizte ein... Als die Leute nachher den Gelehrten fragten, was es mit des Rabbis täglicher Himmelfahrt auf sich habe, sagte er still: ‚Er steigt noch höher als zum Himmel'."

Christi Himmelfahrt

Apg 1,1-11; Mk 16,15-20 (21.5.2009)

So sehr das heutige Fest „Christi Himmelfahrt" im Kirchenjahr verankert ist, so ist dessen Deutung alles andere als leicht.

Lukas berichtet in der Apostelgeschichte, dass der Auferstandene den Jüngern 40 Tage erschienen sei, Aber diese zeitliche Angabe mit der Symbolzahl 40 ist nicht wörtlich zu nehmen, sondern besagt, dass sich Jesus als Auferstandener in einer besonderen Weise geoffenbart habe. Diese oft wiederkehrende Symbolzahl 40 soll den Prozess andeuten, der eine neue Einstellung der Jünger bewirkt; sie sollen reifen zu geistiger Selbständigkeit, denn sie sollen von nun an fähig sein, die Sache Jesu selbst in die Hand zu nehmen und sie als ihre eigene Sache zu vertreten.

Und wie steht es mit der örtlichen Angabe? Die Lesung berichtet, dass eine Wolke Jesus aufnahm und den Blicken der Jünger entzog. Männer fragten sie, warum sie zum Himmel emporschauten. Auch diese örtliche Angabe ist nicht wörtlich zu nehmen, denn diese örtliche Dreistockwerk-Vorstellung entspricht einem mythischen Weltbild: wir auf der Erde, oben und unten. Dieses Weltbild ist aber endgültig überholt. Die Welt hat nämlich keine Stockwerke; die Begriffe ‚oben' und ‚unten' sind relativ, abhängig vom Standort des Beobachters. Da es im Kosmos keinen absoluten Bezugspunkt gibt, kann man keine festen Richtungen aufweisen. Himmel und Hölle sind also keine irgendwo abgelegenen Winkel des Kosmos. Weder Höllenabstieg noch Himmelauffahrt dürfen also wörtlich und örtlich verstanden werden im Sinne einer äußeren Tiefe oder Höhe des Kosmos.

Unsere begrenzte Sprache will vielmehr unseren Blick auf die Tiefe der menschlichen Existenz hinlenken. Diese Tiefe reicht einerseits hinab in das kleine selbstbefangene Ich bis in den Todesgrund, in die Zone der unberührten Einsamkeit und damit der verweigerten Liebe. Den Sünder nannte man früher den „homo in se curvatus", d.h. der in sich selbst verkrümmte Mensch. Diese negative Tiefe menschlichen Daseins ist in letzter Konsequenz das, was wir Hölle nennen, eine tragische Möglichkeit menschlicher Existenz.

Dass dieser mögliche Abgrund des Menschen tatsächlich schon hier auf Erden Wirklichkeit werden kann, kam mir zum Bewusstsein, als ich am 10. Mai, also vor einigen Tagen, nachdenklich durch das ehemalige KZ Mauthausen gegangen bin und es mir erschreckend bewusst wurde, dass nur der Mensch so unmenschlich sein kann, dem Mitmenschen eine wahre Hölle zu bereiten.

In mir wurde nicht der Schrei nach einem ‚Tag der Abrechnung' laut, wie er jetzt wieder in populistischer Manier anbetracht der kommenden EU-Wahl gefordert wird, sondern in mir regte sich der Ruf, dass die Opfer nicht vergessen und die Täter nicht für immer triumphieren würden. Auch wenn es heißt „Nie wieder!", läuft es einem kalt über den Rücken, wenn zur selben Stunde Jugendliche im Nebenlager Ebensee KZ-Überlebende mit dem Hitler-Gruß oder Gymnasiasten in Auschwitz durch Ausfälligkeiten die Opfer neuerlich zutiefst verletzen.

Die Tiefe der menschlichen Existenz hat aber auch eine total andere Ausrichtung; sie ist auch nach oben und unten unendlich über sich selbst ausgestreckt und offen. Es ist der Gegenpol zur radikalen Vereinsamung und zur Unberührbarkeit der verweigerten Liebe. Die Himmelfahrt Christi, die wir heute feiern, verweist uns in diese andere unendliche Dimension. Indem der Mensch mit der göttlichen Liebe in sich ganz berührt wird, berührt er zugleich alle anderen Menschen.

Während in dem, was die Theologie ‚Hölle' nennt, der Mensch in seiner kleinen Ego-AG in totaler Isolation erstarren würde, findet in diesem positiven Gegenpol der Mensch gleichsam seinen geometrischen Ort im Inneren des Selbstseins Gottes. Von Jesus wird das in der Himmelfahrt ausgesagt: Er ist zutiefst beim mütterlich-väterlichen Gott und zugleich ganz bei allen Menschen und im ganzen Kosmos. „Ich gehe heim zu meinem Vater und zu eurem Vater...Ich werde immer bei euch sein."

Der Unterschied zwischen Himmel und Hölle, der sich nicht leicht in Worte fassen lässt, kommt in einer Ihnen wahrscheinlich bekannten Erzählung anschaulich zum Ausdruck: „Himmel und Hölle sind ganz gleich. In beiden biegen sich die Tische vor lauter üppigen Speisen. Das Essbesteck ist allerdings so lang, dass man damit die Speisen nicht zum eigenen Mund führen kann. In der Hölle versucht jeder möglichst viel für sich zu bekommen; jeder will vor lauter Gier das meiste, aber aufgrund des langen Bestecks bringen sie die Speisen nicht zum Mund und vor lauter Neid und Geiz verhungern sie vor den vollen Schüsseln. Im Himmel dagegen kommt man überein, dass einer dem anderen die Speisen reicht und alle werden satt und sind glücklich und zufrieden."

Damit ist auch eine andere wichtige Erkenntnis ausgesagt: die Tiefe oder das Unten, das wir Hölle nennen, kann sich der Mensch nur selbst geben. Hölle besteht ja gerade darin, dass der Mensch nichts empfangen will und gänzlich sich selbst genügt. Oder wie es beim Turmbau zu Babel heißt: jeder will sich selbst einen Namen machen, statt von einem Du beim Namen, das heißt mit Liebe gerufen zu sein.

Umgekehrt kann der Mensch jenes Oben, zu dem die Männer emporblicken und das wir Himmel nennen, nur empfangen. Der Himmel ist vom Wesen her das nicht Selbstgemachte und Selbstmachbare. Der Himmel kann als erfüllte Liebe immer nur geschenkt werden.

Wenn also Himmel mit Liebe zu tun hat, so gibt es ihn nicht als ewigen überweltlichen Ort, als ewige metaphysische Gegend. Himmel ist auch kein Ort, aus dem durch ein Strafdekret Gottes vor der Himmelfahrt Christi die Menschen ausgeschlossen waren.

Die Wirklichkeit Himmel entsteht vielmehr erst durch das Ineinstreten von Gott und Mensch, durch die innerste Berührung des Menschen mit Gott. Genau diese innerste Berührung Gottes mit dem Menschen will die Himmelfahrt Jesu Christi über Jesus aussagen.

In seinem Buch „Einführung ins Christentum" hat es vor über 40 Jahren der Theologe Josef Ratzinger, der jetzige Papst, so ausgedrückt: „Himmel ist jene Zukunft des Menschen und der Menschheit, die diese sich nicht selbst geben kann, die ihr daher, solange sie nur auf sich selbst wartet, verschlossen ist und die erstmals und grundlegend eröffnet worden ist in dem Menschen, dessen Existenzort Gott war und durch den Gott ins Wesen Mensch eingetreten ist."

Für uns Glaubende heißt dies: So wie im Alten Bund die Wolke Zeichen der Verhülltheit wie der Anwesenheit Gottes war, so bedeutet auch die Wolke, die Jesus den Blicken seiner Jünger entzieht, seine neue Existenzweise: Er hat seine bisherige Zugehörigkeit zur Geschichte abgelegt; er ist also nicht mehr auf Palästina oder einen anderen bestimmten Punkt und einen gewissen Zeitabschnitt fixiert. Er hat eine neue Gegenwart in der Geschichte, die der Gottes gleicht.

Mit dem Hoheitstitel ‚Kyrios', also ‚Herr', bezeugen die ersten Christen: Jesus ist für immer auferstanden und in der Geschichte machtvoll gegenwärtig. Er ist bei uns bis zur Vollendung der Weltzeit. Die Bibel hat für diese ‚herrscherliche' Anwesenheit Christi verschiedene Bezeichnungen: ER ist der Erweckte, der Auferstandene, der Entrückte, der Aufgefahrene, der Erhöhte, der Verherrlichte, der zur Rechten Gottes Sitzende, der das All und die Kirche Überragendende, der Allherrscher oder Pantokrator.

Wenn Jesus in seinen Gleichnissen von ewiger Verdammnis und Hölle spricht, so ist das nie eine Reportage über eine aktuelle Hölle, sondern immer ein Appell, hier und jetzt aus allem Egoismus umzukehren und in der Gottes-, Nächsten- und Selbstliebe zu wachsen. Die Kirche sagt von ganz konkreten Menschen, dass sie im Himmel sind, das heißt, in der Fülle des Lebens. Sie feiert damit den Sieg der Gnade. Sie hat es noch nie gewagt und wird es nie tun, von einem konkreten Menschen zu sagen, dass er in der Hölle sei, nicht von Hitler und nicht von Stalin. Ich darf allerdings sehr wohl glauben und hoffen, dass schlussendlich wirklich alle Menschen gerettet werden, ohne daraus selbstverfügbares Wissen zu machen.

Aufgabe der Kirche ist es, eine Frohbotschaft und nicht eine Drohbotschaft zu verkünden! Es ist nämlich nicht so, als ob zwei gleiche Wege vor uns lägen: Himmel und Hölle (so wie beim Spiel mit den Blumen!), sondern wir alle sind bereits grundsätzlich auf dem Weg in den Himmel, nicht aufgrund eigener Macht, sondern allein aufgrund von Gottes Liebe und Geschenk!

Diese frohe Gewissheit des Glaubens besagt und verbürgt das heutige Fest „Christi Himmelfahrt". Es ist ein Fest des Glaubens, der die Erde liebt, ein Fest der gläubigen Gewissheit, dass uns nichts mehr, weder Gegenwart noch Zukunft, trennen kann von der Liebe Gottes in Christus Jesus, denn er ist unser aller unzerstörbarer Anker im Himmel. Amen.

Christi Himmelfahrt

Apg 1,1-11; Mk 16,15-20 (17-5.2012)

Beim Evangelisten Johannes sind die Ereignisse der Auferstehung des Herrn, seiner Himmelfahrt und der Sendung des Heiligen Geistes noch ein ungetrenntes Ereignis der Vollendung des Lebens Jesu und seiner Hinterlassenschaft an uns. Vielleicht ist die unmittelbare Verbindung der Taufe mit der Firmung in der orthodoxen Kirche am Beginn des Lebens noch eine Nachwirkung dessen, während in der katholischen Kirche Taufe und Firmung zeitlich voneinander getrennt sind, Taufe in der Zeit der frühen Kindheit und Firmung während der Pubertät

Die ursprünglich einheitliche 50-tägige Osterzeit wurde im 4. Jahrhundert in 40 und 10 Tage aufgeteilt: 40 Tage von Ostern bis Christi Himmelfahrt und nochmals 10 Tage bis zur Sendung des Heiligen Geistes zu Pfingsten.
Das stellt uns vor die Frage, was denn Christi Himmelfahrt bedeutet? Zumal es mit der biblisch und tiefenpsychologisch bedeutsamen Zahl 40 zusammenhängt, hat es wohl eine große Bedeutung!
Am Gipfel des Ölberges in Jerusalem steht eine kleine Moschee, die früher eine Kirche war. In ihr werden noch die Spuren der Füße Jesu gezeigt werden, bevor er, wie wir in der Lesung aus der Apostelgeschichte hörten, „vor ihren Augen emporgehoben wurde und eine Wolke ihn aufnahm und ihren Blicken entzog". Natürlich sind diese Spuren kein echter Fußabdruck Jesu; deren Symbolik ist aber bedeutsam. Als sodann , wie weiter berichtet wurde, Jesu Jünger von zwei Männern in weißen Gewändern gefragt werden, warum sie dastünden und zum Himmel emporblickten, heißt das doch, dass sie ihren Blick wieder auf die Erde richten sollten. Es steht ja auch oft auf den Totenbildern, dass vor allem die Spuren, die der Verstorbene in uns hinterlassen hat, zählen.

Was sind diese Spuren Jesu, die er uns gleichsam als sein Erbe und seinen Auftrag hinterlassen hat? Es sind die im Evangelium genannten Zeichen, die auch seine Jünger als Zeugen Jesu in der Welt weiter tragen und hinterlassen sollen:
Da ist zunächst genannt die Austreibung von Dämonen - wir würden sagen: es gilt, den Menschen vor allem in psychischer und seelischer Not zu helfen, sich entfremdenden und ausbeuterischen Kräften zu widersetzen und auf eigenen Füßen zu stehen.
Sodann sind die Jünger Jesu aufgefordert, den Menschen zu helfen, in neuen Sprachen zu reden – das heißt dazu beitragen, dass es nicht nur eine Globalisierung der Wirtschaft gibt, die die Welt höchst ungerecht in eine erste,

zweite und dritte Welt spaltet, sondern vor allem soll es eine Globalisierung der Herzen geben, die den Turmbau zu Babel zunichte macht und Menschen neu aufeinander zugehen lässt.

Es ist gesagt, dass Schlangen und tödliches Gift nicht schaden sollten. Das heißt: Es soll durch die Jünger Jesu etwas wahr werden vom messianischen Reich, in dem Wolf und Lamm miteinander weiden und in der, wie es bei Jesaja heißt, „der Säugling vor dem Schlupfloch der Natter und das Kind in die Höhle der Schlange steckt" (Jes 11,8), ohne dass sie ihm weh tut, weil Mensch und Mensch, Mensch und Natur wieder versöhnt sind, also Krieg und Ökokrise überwunden werden.

Schließlich wird die Sorge um die Kranken erwähnt, denen ohne Vertröstung auf das Jenseits jetzt jede erdenkliche menschliche Hilfe zuteil werden soll.

In Jesu irdischem Fußabdruck und in seinen Spuren auf dieser Erde zu bleiben heißt also, nicht auf ein Jenseits zu vertrösten, sondern mit beiden Füßen fest auf dieser Erde zu stehen im Einsatz für eine bessere Welt.

Auch das Volk Israel musste in der babylonischen Verbannung vom Propheten Jeremia (Jer 29), als manche die Koffer gar nicht auspacken wollten, die Botschaft hören, sich niederzulassen, Häuser zu bauen, Kinder zu zeugen und alles ihnen Mögliche zu tun für das Wohl der Stadt und für das Heil ihrer Bürger – gemäß des Auftrags im ersten Kapitel der Bibel: "Seid fruchtbar und vermehrt euch, bevölkert die Erde und unterwerft sie euch" (Gen 1,28). Man kann auch sagen: Jesu Jünger haben den Auftrag, mit offenen Augen und mit Blick auf die Erde zu meditieren, also das ihnen Mögliche für das Beste der Erde zu tun. Die Jünger sind tatsächlich ausgezogen und haben dies in Wort und Tat getan, denn Meditation mit geschlossenen Augen bringt meist nur geistliche Schlaftabletten.

Freilich ist dies nur eine wichtige Dimension christlicher Existenz. Jesus muss die Erwartung seiner Jünger enttäuschen, in dieser Zeit das Reich Israel auf dieser Erde wieder herzustellen. Es bedarf auch der anderen Dimension, für die die Himmelfahrt Christi steht, der unseren Blicken entzogen wird in eine unsichtbare Welt hinein. Es ist die Dimension unseres Glaubens einer ewigen Vollendung, der Hoffnung über diese Erde hinaus, der Liebe, die nur bei Gott vollendet wird.

Mag sein, dass in früheren Jahrhunderten das geerdete Feststehen mit beiden Füßen auf dieser Erde gelegentlich zu wenig ernst genommen wurde, also zu schnell auf den Himmel vertröstet wurde. Ich bin jedoch überzeugt, heute ist eher das Gegenteil der Fall. Man vertröstet de facto auf die Erde, ihre ungeahnten Möglichkeiten, ihre Tempel der Wellness, der Freizeit und der Wirtschaft, die sämtliche von ihr zuvor geweckten Sehnsüchte zu stillen verspricht. Jeder ist schließlich seines Glückes Schmied!

Auf diesem Hintergrund hat das Fest Christi Himmelfahrt tatsächlich mit dem Verweis über die Erde hinaus eine neue ganz aktuelle Bedeutung bekommen. Ich nenne drei Beispiele der einseitigen Verhaftung in der Erde.

Es gibt tatsächlich zumindest in Mittel- und Westeuropa eine große Gottvergessenheit, darüber hinaus vermehrt eine kämpferische Ablehnung des Gottglaubens und einen neuen aggressiven Atheismus, etwa eines Richard Dawkins. Anbetracht dessen sind manche Christen versucht, sich in eine angeblich heile Welt abzuschotten und eine Wagenburgmentalität zu entfalten.

Das zweite symptomatische Beispiel aus Österreich ist der Verein „Religion ist Privatsache", der durch ein Volksbegehren für Kirchenaustritt, für das Entfernen der Kreuze in unseren Schulen, gegen die Finanzierung des Religionsunterrichtes und der staatlichen theologischen Fakultäten eintritt. Selbst die Schweigeminute des ORF am Karfreitag war ihnen ein Dorn im Auge. Die Kirchenzeitung nannte sie vor kurzem „Ritter des Kirchenkampfes" und folgerte zu Recht. „Das Ziel dieses kleinen, aber lauten Netzwerkes ist nicht Religionsfreiheit, sondern Freiheit von Religion".

Als drittes Beispiel nenne ich die häufig geäußerte Meinung „Der Weg ist das Ziel". Das heißt doch, dass der irdische Weg genügt, bis er eben aus ist, und was er bringt, das war`s!

Der Glaube an die Himmelfahrt Jesu und in seiner Nachfolge unser aller Himmelfahrt besagt, dass der Weg ein Ziel hat und dass wir zeitlebens Pilger unterwegs sind. „Immer gehen wir nach Hause" (Novalis). Wenn wir unsere Hoffnung über alles Irdische hinaus bezeugen, dann tun wir dies auch als einen ganz wichtigen stellvertretenden Dienst für alle Menschen.

Es ist heute Gebot der Stunde für uns Christen, den immateriellen Wert unseres Glaubens für die ganze Gesellschaft aufzuzeigen, das Gerücht von Gott in dieser Welt wach und den Himmel offen zu halten. Es ist dies ein unersetzbarer stellvertretender Dienst auch für die anderen, die nicht mehr zur Kirche gehören. Ohne die Dimension der Religion wäre unsere Welt viel ärmer!

Wir erfahren, dass die konstantinische Ära fürwahr endgültig vorbei ist – und es ist auch gut so. Christsein ist kein Schicksal mehr, sondern freie Entscheidung und eigener Entschluss. Glaube und dessen Ausübung dürfen wir deshalb jedoch nicht in die Sakristei zurückdrängen lassen, sondern gerade in einer pluralen Gesellschaft ist es die besondere Aufgabe der Gläubigen, auch jene Dimension zu bezeugen, die in der Himmelfahrt uns geschenkt ist. „Der Weg ist das Ziel" – das ist höchstens eine halbe Wahrheit. Wir dürfen der vielfachen Erfahrung vom Lebensweg als Odyssee oder Labyrinth die nochmals wichtigere Einsicht hinzufügen: „Der Weg hat ein Ziel" – und zwar ein gutes, heiles, vollendendes Ziel, denn Jesus Christus ist als erster von den Brüdern und Schwestern in den Himmel aufgefahren und das Ziel auch unseres Lebens ist die Fülle des Lebens bei ihm. Amen.

Pfingstmontag

Apg 8,1bc.4.14-17; Lk 10,21-24 (28.5.2012)

Das Pfingstfest rangiert bei den großen christlichen Festen eher unter „ferners liefen". Und doch ist es ganz wesentlich für unseren Glauben. Ohne Pfingsten wäre das christliche Bekenntnis stark verkürzt. Ich möchte es vergleichen mit der häufigen Äußerung: Der Weg ist das Ziel. Das wäre zu wenig! Wir fügen hinzu: Der Weg hat ein Ziel, ein gutes heiles Ziel. Was wäre für uns Menschen Gott-Vater, der Schöpfer, und Jesus Christus, Gottes Sohn und Mensch, wenn Gott nicht bei uns, in unserem Innersten ankommen würde?! Und das tut er im Heiligen Geist.

Die Heiligste Dreifaltigkeit ist der innerste und wesentlichste Kern unseres Glaubens. Das besagt keine höhere, sozusagen göttliche Mathematik. Dreifaltigkeit besagt vielmehr, dass Gott selbst Beziehung ist, sich verschenkende, sich mitteilende und verströmende Beziehung. Leben ist Beziehung. Die dynamische Kraft dieser schöpferischen Leben spendenden Beziehung zwischen Vater und Sohn ist der Heilige Geist.

Beziehungen kann man nicht machen; da steht der homo faber an: der Turmbauer zu Babel landet im genauen Gegenteil, in der Isolation und im Untergang! Beziehung ist ein Geschenk eines Du an ein Ich, das sich nicht selbst genügt!

In diesem Sinne verstehe ich den Lobpreis Jesu an den himmlischen Vater so, dass mit den Weisen die Wissenden und mit den Klugen die Informierten gemeint sind, mit den Unmündigen jedoch jene, die sich selig auf ein Du verwiesen wissen. Geschenke kann man nicht schaffen und nicht anschaffen; man darf für sie offen sein und sie erwarten.

Wenn jedoch ein Du sich mir offenbart und sich mir schenkt (es geht ja um einen personalen Prozess, nicht um eine Inhaltsvermittlung!), dann sind wir

Menschen gefragt, der Versuchung zu widerstehen, als „Gewohnheitstier" nicht dafür offen zu sein. Dann sind wir zu einer Veränderung und Neuorientierung eingeladen, auch wenn es Kraft kostet, ja vielleicht zunächst manche Unsicherheit oder Angst auslöst.

Das Windrad, das seit der Firmung bis heute in unserem Altarraum steht und das Motto der Firmung „wind of change" veranschaulicht, erinnert auch an ein altes chinesisches Sprichwort: „Wenn der Wind der Veränderung weht, bauen die einen Mauern, und die anderen Windmühlen." Menschen reagieren also auf Veränderungen verschieden.

Wir sind eingeladen, uns durch eine uns geschenkte bereichernde Beziehung faszinieren zu lassen und uns neugierig auf neue Horizonte einzulassen. Das Leben birgt darin eine neue Chance. Als Christen sollten wir keine Mauern, sondern Windmühlen bauen, wenn Gottes Geist uns wie eine Brise oder ein starker Sturm geschenkt wird und uns verändert.

Ich bin überzeugt: überall, wo Beziehungen gelingen, ist Gottes Heiliger Geist am Werk, am Wirken. Er sprengt alle Mauern, nicht nur die zwischen Juden und Griechen, Männern und Frauen, Sklaven und Freien, sondern auch zwischen den Konfessionen und Religionen. Gottes Geist ist bei allen Menschen seiner Gnade.

In diesen Tagen war der Dalai Lama in Österreich zu Besuch. Er hat das Vorwort zu einem Buch des 86-jährigen deutschstämmigern amerikanischen Benediktinerpaters Davis Steindl-Rast, einem der größten christlichen Meditationsmeistern, geschrieben. Er lebt in Kalifornien, war aber auch in diesen letzten Wochen in Österreich. Das Buch heißt „Credo. Ein Glaube, der alle verbindet". Im Kapitel über den Heiligen Geist schildert er diesen in der Bibel als Gegensatz zum Begriff „Fleisch", der für alles steht, „was unvermeidlich dem Tode verfallen ist". An den Heiligen Geist zu glauben heißt,

„auf unsere innerste Verbundenheit mit dem lebendigen Gott zu vertrauen und entsprechend zu leben". Es gehe ja nicht um ein Fürwahrhalten der Existenz einer göttlichen Person des Heiligen Geistes, sondern um Anteilnahme an der göttlichen Lebendigkeit. „So dem Leben zu vertrauen heißt: fest damit rechnen, dass jeder Tag uns genau das bringen wird, was wir brauchen – wenn es auch nicht immer das ist, was wir uns wünschen." Solche Menschen „nützen den Lauf des Wassers zielstrebig und geschickt so aus, dass sie sich an dem Abenteuer richtig freuen können".

Dieser Heilige Geist verlangt nach Gemeinschaft – eine Gemeinschaft, die jedoch keine konfessionelle oder auch religiöse Exklusivität bedeutet – woraus David Steindl-Rast folgert: „Als wahrhaft katholisch darf nur jener Glaube gelten, der ‚allzeit und überall allen' Menschen gemeinsam war, ist und sein wird", wie bereits der Kirchenvater Vinzenz von Lerins im 5. Jahrhundert sagt.

Freilich, so fügt der Benediktiner-Mystiker hinzu, gilt nicht nur die interreligiöse Weite des Heiligen Geistes, sondern es bedarf auch der Fairness gegenüber der Institution Kirche, denn trotz ihrer Fehler habe die Institution Kirche zu allen Zeiten durch heiligmäßige Menschen „tatkräftige Liebe in der Welt repräsentiert" und tut dies immer neu.

Ich möchte das noch in einem Gedicht des Theologen Wilhelm Willms ausdrücken:

der heilige geist in ein bunter vogel
er ist da wo einer den anderen trägt ...
der heilige geist ist da
wo die welt bunt ist
wo das denken bunt ist
wo das denken und reden und leben gut ist
der heilige geist lässt sich nicht einsperren
in katholische käfige

nicht in evangelische käfige
der heilige geist ist auch
kein papagei
der nachplappert
was ihm vorgekaut wird
auch keine dogmatische walze
die alles platt walzt
der heilige geist
ist spontan
er ist bunt
sehr bunt
und er duldet keine uniformen
er liebt die phantasie
er liebt das unberechenbare
er ist selbst unberechenbar
(roter faden glück. lichtblicke)

Fronleichnam

Hebr 9,11-15; Mk 14,12-16.22-26 (7.6.2012)

Der Gründonnerstag mit dem Bericht vom Abendmahl ist wohl schon zu sehr von den folgenden traurigen Ereignissen überschattet, um mit Freude und Dankbarkeit das Geschenk der Eucharistie zu feiern. Beim heutigen Fest wird das gleichsam nachgeholt.

Dort und da ist Fronleichnam noch immer ein buntes Fest, ja beinahe ein Volksfest, so etwa die schönen Seeprozessionen im Salzkammergut, die nicht nur eine religiöse Feier, sondern auch eine Touristenattraktion sind.

Machen wir uns aber nichts vor: die Situation hat sich sehr geändert. Die konstantinische Ära, also die Volkskirche mit ihrer Durchdringung des ganzen Lebens ist endgültig vorbei. Es ist heute eher ‚in', zumal die eigene Religion etwas abzuwerten, vor allem kritisch zu sehen oder gar zu belächeln. Nicht wenige treten aus der Gemeinschaft der Kirche aus.

Gemeinschaft heißt „Communio" – und die Kommunion, die wir heute verehren und in die Straßen hinaustragen, ist der innerste Ausdruck der „Communio", die die Gemeinschaft der Kirche ist. Niemand ist für sich allein Christ!

Es ist also gar nicht besonders ‚in', in Zeiten wie diesen als „Communio" der Christen mit der „Kommunion", dem eucharistischen Brot auf unsere Straßen zu gehen. Zugleich freilich ist es durchaus zeitgemäß, mit Überzeugung für oder gegen etwas auf die Straßen zu gehen. Die Mut- und Wutbürger, die Dissidenten und Unzufriedenen tun es fast täglich.

Die Frage ist also an uns gestellt: In welcher Überzeugung – wofür oder wogegen gehen wir heute mit diesem kleinen Stück Brot, das doch niemand sättigt, auf die Straßen? Wofür tragen wir das eucharistische Brot hinaus in die Öffentlichkeit?

Unsere Tische sind Gottseidank reichlich gedeckt; manche biegen sich geradezu, während sie anderswo leer bleiben. Es ist allerdings auch eine Tatsache, dass alle und selbst die besten materiellen Güter allein den Hunger und Durst des Menschen nicht zu stillen vermögen.

Der Mensch hungert nach Zuwendung und Liebe. Wo Menschen einander zugetan sind, wo wir füreinander zum Brot werden, davon nährt sich unsere Seele. „Einander schenken die Menschen das Himmelsbrot des Selbstseins" (Martin Buber). Freilich müssen wir gestehen, dass „auch der liebste Mensch ein Versprechen ist, das er selbst nicht einzulösen vermag" (Gabriel Marcel), d.h. dass wir einander nicht genügen!

Wir Christen sind überzeugt, dass in diesem kleinen Brot der Eucharistie Gott sich selbst uns schenkt, um unseren Hunger nach der Fülle des Lebens zu stillen.

Das will wohl auch die etwas schwierige dem Kult Israels entnommene Sprache des Hebräerbriefes sagen, wenn es in der heutigen Lesung heißt: Wir sind in Zelten unterwegs, also in der Fremde. Aber das entbindet nicht davon, auch hier in der Welt Häuser zu bauen, Kinder zu zeugen und alles zum Wohl der Stadt und des Landes zu tun, wie es Gott durch den Prophet Jeremias seinem Volke im babylonischen Exil sagen lässt.

Freilich dürfen wir unsere größere Berufung nicht vergessen: Unser Ziel ist „eine erhabenere nicht von Menschhand erbaute Wohnung", nämlich die himmlischen Wohnungen. Der Weg dorthin ist Jesus Christus, der sein Herzblut für dieses ewige Ziel gegeben hat und der uns mit der Taufe diese heilige Unruhe nach „Mehr als alles" in unser Herz gesenkt hat. Jesus ist der „Weg zum Vater"; im Hebräerbrief heißt er „Mittler des Bundes", durch den wir „das verheißene ewige Erbe" erhalten.

Das Evangelium schildert die Feier des Paschamahles. Es wurde einst zur Erinnerung an die Befreiung aus dem Land der Knechtschaft Ägypten und die Wanderung ins Gelobte Land gefeiert; jetzt verdichtet es Jesus zum Zeichen seiner liebenden Hingabe in Brot und Wein für alle.

Nach der Brotvermehrung lässt sich Jesus nicht zum Brotkönig machen, der „Brot und Zirkusspiele" wie die römischen Kaiser gibt. Er ist nämlich nicht gekommen, den irdischen Hunger zu stillen. Jesus spricht von sich als Brot, das vom Himmel kommt. „Wenn jemand davon isst, wird er nicht sterben." (Jo 6,50) Das Brot, das er gibt, ist er selbst für das Leben der Welt.

Dieses Brot ist also ein Geheimnis des Glaubens. Es ist auch ein Geheimnis der Hoffnung, denn er verheißt ewiges Leben, und es ist schließlich ein

Geheimnis der Liebe Gottes zu uns. Die Gabe ist freilich auch die Aufgabe, selbst sich wandeln zu lassen zum Brot füreinander. Um unsere Welt für diese göttliche Erfüllung unseres Lebens offen zu halten, verlassen wir die Kirche und gehen hinaus auf unsere Straßen. Indem wir das Heilige Brot in der Monstranz zeigen, demonstrieren wir für die Dimension, die alles Irdische nochmals überschreitet.

Damit aber demonstrieren wir auch gegen eine Welt, die sich selbst genügt, gegen eine rein innerweltliche Religion. Wir protestieren gegen eine weit verbreitete Religion, die da heißt: „Hauptsache, wir sind gesund!" Um nicht missverstanden zu werden, Gesundheit ist ein sehr hohes Gut, mit dem man verantwortlich umgehen muss. Es darf alle medizinische Kunst eingesetzt werden, um Gesundheit zu erhalten und womöglich Krankheiten zu heilen. Es darf und soll auch jede/r persönlich etwas für seine Gesundheit tun, etwa Sport betreiben, Laufen, Walken oder Joggen und vor allem gesund leben.

Was ich meine, steht am letzten Sonntag auf zwei lesenswerten Seiten in der Zeitung „Presse" (27.5.12, 36f). Da werden Ernährung, Gewicht, Fitness und Vitamine als die neuen Götzen der westlichen Gesellschaft aufgedeckt. Um ihretwillen investieren immer mehr Menschen immer mehr Zeit und Geld, denn Gesundheit ist das höchste Gut.

Die Sprache ist verräterisch! Der Trend heißt: „Essverbote statt zehn Gebote"; „Zum Laufen statt in die Kirche". Wenn man schon einen Tag durch zu fette Kost „sündigt", so tut man nächsten Tag Buße durch weniger Essen und härteres Training.

Nichts gegen die Richtlinien, die da heißen: „fettfrei, wenig bis kein Zucker, Bewegung muss sein", doch wehe sie werden zu einer fundamentalistischen Religion mit Fitnesspäpsten, Diätaposteln und „Bio-Taliban", in deren Studios die Menschen pilgern!

Gesundheit ist der rote Faden, der sich durch das Leben der westlichen Welt zieht und dem sich niemand mehr entziehen kann. 296 Millionen Treffer erzielt man im Google-Test beim Wort „Gesundheit", 4,2 Milliarden beim Wort „health". Ein Arzt folgert daraus: „Unsere Vorfahren beugten das Knie, wir beugen den Rumpf. ... Sie versuchten ihre Seele zu retten; wir retten unsere Figur." (ebd.) Eine Ernährungswissenschaftlerin meint: „Es gibt keine geistige oder ethische Verankerung mehr, keine Gemeinschaft. Die Definition des Menschen hat sich daher zunehmend in die optische Richtung verschoben" – das heißt plakativ etwa: „lieber geschieden als dick!"

„Ketzer" dieser neuen weit verbreiteten Volksreligion warnen vor dem dogmatisch-puritanischem Beigeschmack, der kaum noch Raum lässt für Genuss und Lebenslust, und sie fürchten, dass nur noch der heile Mensch als vollwertig angesehen wird, während Kranke, Behinderte und Dicke als Menschen zweiter Klasse gelten. Alle warnenden Stimmen bleiben Rufer in der Wüste, denn das Heilsversprechen der Gesundheitsreligion besagt: „dass der Mensch sich selbst das Leben retten kann, wenn er sich nur genügend anstrengt".

Das Ganze ist ein Markt von unschätzbarem Ausmaß geworden; die Nahrungsmittel- Pharma- Freizeit- und Wellness-Industrie fahren gewaltige Summen ein, denn „die Gesundheitsreligion ist die mächtigste und teuerste Religion aller Zeiten" (Manfred Lütz).

Warum ich das hier sage? Weil dieser bedingungslose Glaube an die irdisch-leibliche Gesundheit offenbar mit dem Verlust des Glaubens an Gott und an das ewige Leben zusammenhängt. Der Ersatz wird im möglichst langen Leben und einer entsprechenden „gesundheitsfrommen Hektik" (Manfred Lütz) gesucht.

Sehr bedenkenswert finde ich die Diagnose des Theologen und Psychiaters Manfred Lütz:

Wir haben die Gesundheit zum höchsten Gut gemacht, um die Angst vor dem Tode zu kompensieren. Wer sich aber ständig mit seinen gesundheitlichen Defiziten beschäftigt, der betreibt ‚Anleitung zum Unglücklichsein'. Pointiert sagt Manfred Lütz: "Viele Menschen glauben nicht mehr an den lieben Gott, sondern an die Gesundheit. ... Die uralte Sehnsucht nach ewiger Glückseligkeit ist aber unverändert. ... Daher versucht man, das ewige Leben auf Krankenschein zu bekommen." (ebd.)

Der Blick auf das Brot, das vom Himmel kommt, uns Kraft für unseren irdischen Lebensweg gibt und schließlich zum Himmel führt, hat anbetracht der geschilderten neuen Volksreligion eine höchst aktuelle Bedeutung. Wir können einerseits vertrauensvoll und freudig das irdische Leben leben und auch, wo es uns geschenkt ist, genießen, andererseits aber brauchen wir keine „gesundheitsfromme Hektik" entwickeln, denn „wer dieses Brot isst, wird leben in Ewigkeit" (Joh 6). Das Leben ist nämlich nicht auf diese kurze Lebenszeit zusammengeschnürt, sondern der Tod ist Teil unseres Lebens. Durch Christus, der sich in diesem Brot als Wegzehrung schenkt, wird uns letztlich die Angst vor dem Tode genommen; durch Jesus wird der Tod Durchgang zur Fülle des Lebens, zum ewigen Leben.

Ist dies nicht eine befreiende Frohbotschaft für uns alle, die einen gewaltigen Druck von uns nimmt und uns wieder den Geist des Vertrauens ermöglicht, wie er in der Bergpredigt sich findet? Dafür dürfen wir auch Zeugnis geben draußen auf unseren Straßen, denn es ist für alle Menschen befreiende Frohbotschaft. Amen.

14. Sonntag

Ez 2,2-5; Mk 6,1-6a (8.7.2012)

Sicherlich haben auch Sie schon gehört, dass jemand sagte: „Jesus ja – Kirche nein!". Vielleicht ist auch uns schon manchmal dieser Gedanke gekommen. Anders gesagt heißt dies auch: Wären wir Zeitgenossen Jesu gewesen und hätten ihn persönlich kennen gelernt, so fiele uns das Glauben leichter. Aber was haben wir? – den Papst, die Bischöfe, die Kirche mit ihrem Bodenpersonal, usw. Da braucht es schon einen starken Glauben, auch zu all dem „Ja" zu sagen! Oder wie ein bedeutender Kirchenkritiker sagte: „Jesus hat das Reich Gottes verkündet – und gekommen ist die Kirche!"

Das, so scheint es vielen, sei das große Ärgernis, das sie vom Glauben abhält! Und so gibt es Christen, die gleichsam Jesus für sich gepachtet haben und deshalb mit Kirche und deren allzu menschlicher Institution nichts zu tun haben wollen: Sei es, dass sie total freikirchlich sind, sei es, dass sie etwa wie fundamentalistische Gruppen wie die Piusbrüder, alles Unkraut ausschließen wollen, also der Versuchung der ‚Kirche der Reinen' verfallen.

Stimmt es wirklich, dass sich die Zeitgenossen der großen Propheten und Jesu leichter getan haben zu glauben? Ist hinter dem Leitwort „Jesus ja – Kirche nein" nicht ein großer Trugschluss?

Die heutigen Lesungen legen dies nahe. Sie sagen uns, dass es den Zeitgenossen Jesu und der Propheten keineswegs leichter gefallen ist. Ja, vielleicht ist es sogar für uns leichter, an Jesus zu glauben, weil die zeitliche Distanz es erleichtern mag an ihn zu glauben und ihn zu lieben, als wenn er uns als Mensch so nahe ist! In der Nähe ist alles konkret, die Menschen und die Dinge, und wir stoßen uns leichter daran.

Schauen wir zunächst auf die Lesung. Sie handelt von der Sendung des Propheten Ezechiel.

Der Prophet wird ‚Menschensohn' genannt, d.h. hier ‚ein kleiner Mensch'. Dieser kleine Mensch soll Bote und Sprecher Gottes sein? Das ist doch ein starkes Stück

Aber verbirgt sich darin nicht das Grundprinzip aller göttlichen Offenbarung? Gott spricht nicht in der reinen Innerlichkeit; er fällt auch nicht wie ein Meteor vom Himmel. Er spricht und offenbart sich durch schwache Menschen; das Konzil sagt: Gott spricht „auf Menschenart".

Gott braucht sozusagen Gefäße, mittels deren er sich selbst weiterschenken kann. Einige dieser Gefäße sind sehr bunt, andere eintönig, wieder andere barock oder gotisch, intellektuell oder einfach gestrickt, dick oder dünn, weitherzig oder ängstlich, … Alle aber sind von sich aus begrenzte und beschränkte, irdene und bruchgefährdete Gefäße, wie Paulus sagt: „Diesen Schatz tragen wir in zerbrechlichen Gefäßen" (2 Kor 4,7).

Diese offenkundige Zerbrechlichkeit ist für nicht wenige Menschen der Grund (oder die Ausrede), auf das Gefäß ganz zu verzichten, nicht bedenkend, dass sie auch nicht anders gebaut sind. Die Folge ist, dass sich der Inhalt des Gefäßes schnell verflüchtigt, denn Buchstabe und Geist brauchen einander: Ohne Geist ist der Buchstabe tot, ohne Buchstabe ist aber der Geist flüchtig.

M.a.W: Gott fällt nicht vom Himmel auf die Erde. Er durchbricht nicht vertikal von oben das horizontale Geschehen hier auf der Erde – wie ein „Deus ex machina". Gott ist nicht der große Wunder- und Mirakelmacher, der den Gang der Geschichte außer Kraftsetzt durch Magie und Zauber, wie wir es manchmal gerne wünschten.

Das Vertikale, das Göttliche, vermittelt und schenkt sich immer über das Horizontale, das heißt, durch das Menschliche. Vertikale und Horizontale, Göttliches und Menschliches sind christlich untrennbar.

Gott spricht so durch den Propheten Ezechiel, weil dieser in seiner Schwachheit offen ist, sich vom Geist Gottes durchdringen zu lassen.

Gott erwählt immer das Schwache, ja sogar das von sich aus Sündige, um es mit seiner Kraft zu füllen, sodass sich kein Berufener selbst rühme, sondern nur im Namen Gottes. Alle Berufenen haben dies erlebt und bezeugt: die Propheten, Maria, Petrus, Paulus, Bruder Konrad,...

Diese Begrenztheit ist freilich auch das Ärgernis und ein willkommener Anlass, den Sprung des Glaubens zu vermeiden. Man zeigt mit dem Finger auf das zerbrechliche irdene Gefäß und distanziert sich davon im Brustton moralischer Überlegenheit. So kommt es schnell zu eingangs erwähnten „Jesus ja – Kirche nein".

Die Frage ist allerdings erlaubt, ob man nicht absichtlich an der Zerbrechlichkeit des Gefäßes hängen bleibt, weil man fürchten muss, sein Leben radikal ändern zu sollen, ließe man sich auf den Inhalt der Botschaft ein.

Nun zurück zur Frage, ob Jesus selbst die berühmte Ausnahme ist, ob uns als Zeitgenossen Jesu der Glaube leichter gefallen wäre als jetzt. Damit zum Evangelium! Dem ist offenbar beileibe nicht so, wie uns so anschaulich die Begebenheit in seiner Vaterstadt Nazareth berichtet.

Man sieht dort auch an Jesus nur sein begrenztes Gefäß und begegnet ihm nach der ersten Verwunderung von vornherein mit Vorurteilen: „Ist das nicht der Zimmermann, der Sohn der Maria ... und lebt seine Familie nicht hier unter uns? Und sie nahmen Anstoß an ihm und lehnten ihn ab." Das Verhaftetsein am Gefäß lässt Jesus traurig sagen: „Nirgends hat ein Prophet so wenig Ansehen wie in seiner Heimat, bei seinen Verwandten, in seiner Familie." Wir kennen das geflügelte Wort: „Nemo propheta in patria sua:" Wegen des Unglaubens konnte Jesus keine Wunder tun.

Die Zeitgenossen Jesu hatten es also gar nicht leichter, denn auch Jesus war kein Raum- und Zeit-enthobener Allerweltsmensch, sondern ein Jude aus einer konkreten, begrenzten Familie mit einem bedingten zeitgeschichtlichen Hintergrund. Auch bei Jesus war die Vertikale Gottes ganz hinein verwoben in die horizontale menschliche Geschichte, ja sogar in eine kleinkariert dörfliche Gemeinschaft, deren Vorurteile oft kaum zu durchbrechen sind. Kann denn aus Nazareth etwas Gutes kommen?

Dieser Jesus war Gefäß für den kostbarsten Inhalt aller Zeiten, für Gottes Selbstmitteilung. Im Menschen Jesus spricht sich Gott selbst aus - nicht indem er Gesetze der Natur auflöst und mit Mirakel wie mit einem Holzhammer die Menschen bekehrt, sondern indem er zum Glauben und Vertrauen, zur Liebe einlädt!

Auch an Jesu begrenzter Menschlichkeit hat man Anstoß genommen; man hat sie als Vorwand benutzt, den Glauben zu verweigern. Umso mehr echten Grund und auch Vorwand findet man freilich bei der Kirche, angefangen von der römischen Personalpolitik, die Schwächen mancher Bischöfe und Priester bis hin zu den unentschuldbaren Missbrauchsfällen.

Ich will nichts verharmlosen, aber es ist das unaufgebbare göttliche Gesetz bis heute: Gott erwählt das Schwache, auf dass dadurch Seine Kraft zum Tragen komme.

Vielleicht kann man einmal den Blickwinkel wechseln: Jesu eigene Entäußerung (Phil 2) und seine Bindung an die schwache Kirche (deren er sich nicht schämt) sind Ausdruck seiner unendlichen Solidarität und Liebe zu uns Menschen. Die Erlösung geschieht nicht durch ein marionettenhaftes Eingreifen von oben, sondern durch seine äußerste Solidarität und Liebe.

Jesus ja – Kirche nein? Diese beiden lassen sich letztlich nicht trennen, wenn wir an einen mit uns solidarischen Gott glauben. Der schwachen zerbrechlichen

Kirche ist ein kostbarer Schatz anvertraut. Um dieses Schatzes willen – Gottes Selbstmitteilung in Jesus – dürfen und sollen wir die Kirche lieben. Aus dieser Liebe heraus wird man wohl auch an ihr leiden und darf und soll den Mund kritisch aufmachen, in kritischer Loyalität, oder, anders gesagt, Kritik an der Kirche ist der ‚Schatten der Liebe zu ihr'.

Unser wichtigstes Zeichen, das Kreuzzeichen, zeigt es an: Vertikale und Horizontale gehören untrennbar zusammen, d.h. Gott und Jesus, Jesus und die Kirche, die Kirche und ihre auch sündigen Glieder (vom jedem Getauften bis hinauf zum Papst) gehören zusammen, freilich wie eine bunte Bergwiese, nicht wie ein gleich geschorener Rasen. Sie lassen sich bei aller notwendigen Auseinadersetzung letztlich nicht auseinanderdividieren, denn Gottes Liebe kommt unserem Menschsein und selbst unserer allzu großen Menschlichkeit, also auch unserer Schwachheit, entgegen. Amen.

20. Sonntag

Eph 5,15-20; Joh 6,51-58 (20.8.2012)

Ich bin am Marienfeiertag nach 37 Tagen am Marienpilgerweg von Tschenstochau in Polen über Leutschau in der Slowakei nach Maria Zell wieder hier in unserer Pfarre St. Konrad. Wahrscheinlich sind viele neugierig, wie es mir gegangen ist, ja, warum ich mich überhaupt auf diesen Weg gemacht habe. Sicherlich schwingen bei dieser Entscheidung die positiven Erfahrungen des Jakobsweges vor neun Jahren mit. Warum bin ich wieder aufgebrochen?

Diese Frage habe ich bereits zu Beginn mir selbst gestellt und ich schreibe am Abend des ersten Tages ins Tagebuch: „Warum bin ich hier in Tschenstochau? Um mich wieder einmal leibhaftig zu vergewissern, dass all unsere Wege (ob Emmaus-Gänge, Spazierwege, Lustwandel oder Kreuzwegstationen) von Gott begleitet und beschützt sind. ... Was be-wegt mich? Die geistliche Pilgerschaft, die sportliche Ambition, der menschliche Ehrgeiz, die Herausforderung des Grenzerlebnisses? Wahrscheinlich etwas von allem - Geistliches, Menschliches und Allzu-Menschliches". Die Frage des ‚Warum' stellte sich verstärkt, als ich bald wieder, ja eigentlich von Anfang an, Schmerzen auf der rechten Fußsohle verspürte und die Frage war, ob und wie lange ich durchhalten werde.

Es scheint, dass die erste Lesung vom vergangenen Sonntag dazu besser passen würde als die heutige: Da war die Rede vom Propheten Elija, der eine Tagesreise in die Wüste ging, sich unter den Ginsterstrauch setzte und aufgeben wollte. Doch ein Engel weckte ihn zweimal auf und sagte zu ihm: Steh auf und iss von dem Brot und trink von dem Wasser neben dir. „Sonst ist der Weg zu weit für dich." (1 Kön19,4-8). Manchmal dachte auch ich wie Elija ans Aufgeben, zumal der vorgesehene Pilgerweg fast keinen Berg ausgelassen hat und ich so einige Gebirgszüge mit ständigem Auf und Ab samt schwerem Rucksack überqueren musste. Neben sechs Rast- und Kulturtagen waren wohl viele Engel mit mir unterwegs, die mich stärkten und Kraft zum Weitergehen gaben.

Deshalb kann ich heute mit Überzeugung sagen: Ich bin froh, dass ich von den 1.000 Kilometern des Weges 800 Kilometer zu Fuß gepilgert bin. Ich bin zwar „fußmarod" heimgekommen, aber reich beschenkt, innerlich gestärkt und dankbar für so vieles auf dem Weg, das alles andere weit aufwiegt.

Es waren für mich eine Art 30-tägige Exerzitien, denn 30 Tage ging ich ganz allein; zwei Tage begleitete mich ein polnischer Freund aus Krakau und südlich von Wien schloss ich mich einer größeren Pilgergruppe aus dem Weinviertel an und wurde von dieser liebevoll aufgenommen. Ich habe mir wieder an Leib und Seele, also ganzheitlich, bewusst gemacht, dass der Weg nicht das Ziel ist, sondern er ein gutes, heiles und vollendendes Ziel hat. Jedes Wallfahren und Pilgern ist deshalb ein tiefes Symbol des Lebensweges überhaupt.

Selbst kann man meist schwer sagen, ob solch ein Weg – abgesehen vom Bart – einen verändert; manchmal merken es eher andere. Eine Frucht des Weges meine ich jedoch zu merken, und zwar die Achtsamkeit. Von ihr spricht die heutige deshalb durchaus sehr passende Lesung aus dem Epheserbrief, denn da heißt es gleich zu Beginn: „Achtet sorgfältig darauf, wie ihr euer Leben führt. …" Es geht dabei offenbar um etwas sehr Wichtiges, wie es auch in dem Wort „Achtung" mitklingt.

Für jeden von uns besteht die Gefahr, im Alltag für vieles blind zu werden, in einem Räderwerk des Funktionierens Wichtigeres nicht mehr zu beachten. Ich weiß um die Notwendigkeit des Organisierens und des Vorausplanens, ich weiß aber auch um die Gefahr, das Nächstliegende zu übersehen, das Überraschende jedes Tages und dessen Botschaft zu überhören, weil es nicht eingeplant war, etwa die Traurigkeit im Gesicht des anderen, den Hilfe suchenden Blick, die zwecklose und doch so notwendige Muße für einen selbst.

Diese Auszeit hat mir gut getan, im Abstand zum alltäglichen Eingespanntsein das jeweils auf mich Zukommende intensiver zu erleben, denn es war nichts vorgeplant.

Diese Achtsamkeit beginnt in der Begegnung mit der Natur, ob nun im Beachten des bunten kleinen Schmetterlings oder im Verspüren der Majestät der Berge oder der Nacht als Quelle der Kraft. Oft wurde ja das biblische Wort „Macht euch die Erde untertan!" als rücksichtslose Ausbeutung unseres Planeten falsch ausgelegt und es hat bis heute eine unheilvolle Wirkungsgeschichte der Ausbeutung ausgelöst. Auf einem solchen langen Weg werden einem die Sinne für die Schönheit der Schöpfung neu geöffnet. Die Lesung ermahnt uns zur Achtsamkeit gegenüber allem, was lebt, anders gesagt: zur ökologischen Umkehr!

Vor allem aber wurde mir eine neue Achtsamkeit gegenüber den Menschen geschenkt, denen ich auf dem Wege begegnet bin. Die meisten sind mir auch im übertragenen Sinn ‚entgegengekommen' und haben mich ein Mit- und Füreinander erleben lassen.

Schließlich konnte ich mehr Achtsamkeit für mich selbst einüben – in der Aufmerksamkeit für das, was der Leib braucht und wonach die Seele sich sehnt. Wenn es in der Lesung heißt „Nutzt die Zeit", so war es eine Zeit, die keinen direkt messbaren Nutzen gebracht hat, und doch habe ich diese von Nutzen freie Zeit als sehr sinn-voll erlebt und sie hat mir wohl besser getan als so manche mit Vielerlei schon verplante Zeit.

In der Bibel wird erzählt, dass Abraham und sein Neffe Lot nicht mehr genügend Weideflächen für ihre Herden hatten. Sie mussten sich deshalb trennen und entscheiden, wohin sie ziehen. Abraham überließ Lot die Wahl. Lot wählte die planbare Ebene, die man leichter im Griff hat, allerdings in der Nähe von Sodom und Gomorra (wohl ein Hinweis auf die damit verbundenen Gefahren!), Abraham hingegen ging mit Vertrauen auf Gott in die Berge.

Ein Pilgerweg kann als Symbol des Lebensweges helfen, sich wieder mehr auf die nicht verfügbaren manchmal schwer verstehbaren und gebirgigen Wege Gottes einzulassen statt nur die selbst gebauten Straßen zu gehen. Es hilft sicher der Aufforderung der heutigen Lesung zu folgen: „Seid nicht unverständig, sondern begreift, was der Wille des Herrn ist."

Wer selbst alles regeln will, wird in der Lesung mit einem Alkoholiker verglichen: der im Übermaß genossene Wein berauscht, d.h. er trübt das Denken und Empfinden, während der Mensch, der vom Willen Gottes geleitet und von Gottes Geist erfüllt ist, zur Weisheit gelangt.

Das heißt: wir müssen in allem Funktionieren und Arbeiten immer wieder innehalten, damit das Empfinden für die Richtung meines Lebensweges nicht getrübt wird und der Sinn des Lebens - etwa in einem Burnout - uns zwischen den Fingern zerrinnt.

Auch wenn irgendwie jeder Tag ein neues Abenteuer war und ich nie vorher wusste, wo ich die kommende Nacht schlafen werde, so wurde mir wie dem Volke Israel die ganzheitliche Erfahrung geschenkt, dass Gott jeden Tag neu auch mir das notwendige Manna gab, das ich brauchte, dass er also mich als Jahwe, als Gott, der da ist, mich behütet und begleitet, ja dass die eigentlich Wegzehrung als Brot des Lebens Jesus Christus selbst ist. Davon spricht das Evangelium.

Eine Frucht des Pilgerweges darf ich noch erwähnen: es ist eine große Dankbarkeit. So stimme ich in das Wort des Lesung heute voll ein: „Sagt Gott, dem Vater, jederzeit Dank für alles im Namen Jesu Christi, unseres Herrn!"
Ich drücke das in einem von mir oft zitierten Lieblingswort aus: „Zufall ist das Pseudonym Gottes, wo er nicht persönlich unterschreibt." Ich habe dies auf meinem Pilgerweg tagtäglich immer wieder erfahren – meist in sehr einfachen, fast banalen Alltäglichkeiten – etwa durch freundliches Grüßen, durch Hilfe beim Suchen nach dem rechten Weg, durch Auskünfte über Verkehrsmittel, durch überraschend kurze Wartezeiten beim Autostoppen, durch freundliche Aufnahme in den Quartieren, durch spontane herzliche Gastfreundschaft, etwa durch den österreichischen Botschafter in der Slowakei in Bratislava oder durch die Jesuitenpatres in Wien.
Ich wünsche mir und uns, dass wir auch in unserem Alltag ein Ohr und Auge für die vielen ‚Zufälle' haben, die Gottes Pseudonym sind, wo er nicht persönlich unterschreiben will. Diese Achtsamkeit für den Zufall lehrt uns große Dankbarkeit als das ‚Gedächtnis des Herzens'.
Ich schließe mit einem Wort des deutschen Schriftsteller Stefan Klein, der zu Recht Achtsamkeit und Zufall miteinander verbindet, indem er sagt: „Der Zufall

lehrt uns Achtsamkeit. Hierin liegt der größte Gewinn, den er uns beschert. Überraschungen machen uns empfänglich für die Gegenwart – und ist das jetzt nicht alles, was wir haben? Sich dem Zufall öffnen heißt lebendig sein." Amen.

21. Sonntag
Josua 24,1—2a.15-17.18b; Joh 6,0-69 (26.8.2012)

Hätte sich Jesus einer demokratischen Wahl stellen müssen, so hätten ihn seine Wahlstrategen und Spin-Doktoren sicherlich von seiner Vorgangsweise abgeraten, denn so wie es Jesus gemacht hat, bekommt man all jene Stimmen nicht, die sich von Populisten leicht beeinflussen lassen. Hätte Jesus es bei der Brotvermehrung, also dem Stillen des leiblichen Hungers belassen, hätten sie ihn zum Brotkönig ausgerufen. Das haben die römischen Kaiser mit ihrem Leitspruch „Brot und Zirkusspiele" (panem et circenses) vorgezeigt.
Aber seine Aufforderung, dass er selbst zur Nahrung und Wegzehrung des Menschen werde müsse, d.h. dass man in eine Lebens- und Schicksalsgemeinschaft, in eine Freundschaft mit ihm eintritt, fanden die Zuhörer unerträglich, wie es im Evangelium heißt. Jetzt war für viele der Punkt erreicht, wo sie sagten: „Es reicht! Wir gehen nicht mehr mit Dir!"
Wir würden das auch heute erleben: eine Partei, die z.B. sagt, dass die Forderungen der Pensionisten nach dieser oder jener Erhöhung anbetracht der demografischen Entwicklung und des Generationenvertrages nicht gerechtfertigt seien, muss mit Stimmenverlust rechnen. Ähnlich wohl ginge es einer Gesinnungsgemeinschaft, die um der gemeinsamen Zukunft Europas willen nationale Wünsche zurückstellt. Denn wer verzichtet schon gerne auf eigene Vorteile?!

„Wollt auch Ihr gehen?" Zweifel gehören auch zum Glauben. Aber Zweifeln heißt noch nicht Aufgeben und Weggehen. Wir erleben heute häufig, dass Menschen schnell entschieden ihren ursprünglichen Weg verlassen und davongehen, etwa in einer Partnerschaft oder Ehe. Manche sprechen von unserer Epoche als einer Zeit des zu schnellen Davonlaufens. Ich denke, dass jeder von uns auch schon mal eine Situation erlebt hat, wo ihm zum Davonlaufen zumute war. - Auch in der Kirche erleben wir es, dass viele weggehen, also äußerlich oder innerlich emigrieren. Viele geben tatsächlich zu schnell auf.

Irgendwann kommt die kritische Situation, in der Jesus auch seine zweifelnden Jünger vor die Entscheidung stellt: „Wollt auch ihr weggehen?" Simon antwortet betroffen: „Herr, wohin sollen wir gehen?" Vielleicht schwingt in dieser Frage bei Petrus manch enttäuschende Erfahrung mit seinem Beruf des Fischers und der Mühe um das tägliche Überleben oder mit anderen Unzufriedenheiten mit.

„Wohin sollen wir gehen?" Manch einer heute ist den Weg der Arbeit und der Leistungsgesellschaft gegangen - bis zum Burnout; ein anderer vielleicht den Weg des Vergnügens und der Spaßgesellschaft; ein dritter hat sich in die Erlebnisgesellschaft hineingestürzt, bis er dessen überdrüssig war; ein anderer hat sich einer Parteiideologie verschrieben, die den Himmel auf Erden versprach; für manchen Jugendlichen bedeuten Facebook und Cyberspace seine Welt. Für viele Reiche und Schöne war es ein Weg des weltlichen Starrummels und der Boulevard-Presse. Es mag auf diesen Wegen manches verlockend oder auch gut gewesen sein, doch im Rückblick stellt sich meist die Erfahrung ein: „Alles ist zu wenig" (Ingeborg Bachmann).

Auf dem Hintergrund der Begegnung mit Jesus antwortet Petrus: „Du (allein) hast Worte des ewigen Lebens. Wir sind zum Glauben gekommen und haben erkannt: Du bist der Heilige Gottes." Das heißt: Mit dir haben wir bleibende und glaubwürdige Erfahrungen gemacht, die Politik und Wirtschaft, Gesellschaft und Vergnügen nicht geben können – oder wie Saint-Exupery sagt: „Man kann nicht leben von Eisschränken, Politik und Kreuzworträtseln. Man kann es einfach nicht mehr."

„Du allein hast Worte ewigen Lebens." Das gilt bei einem Begräbnis. Trauer lässt uns menschlich enger zusammenrücken und einander Worte des Trostes sprechen. „Was aber ist, wenn Totenstille eintritt?" fragt Ingeborg Bachmann. Der Herr allein hat Worte ewigen Lebens.

Es gilt auch schon zu Beginn des Lebens bei der Taufe, denn das Sakrament der Taufe schenkt die Verheißung ewigen Lebens, eines Lebens, das stärker ist als der Tod.

Es gilt bei der Erstkommunion, ja bei jeder Eucharistie, auch jetzt, da uns der Tisch des Wortes und des Brotes ewigen Lebens gedeckt wird.

Es gilt bei der Trauung: denn jede Liebe will Ewigkeit; Ehepaare dürfen sich trauen – im Doppelsinn des Wortes –, weil Gott selbst Quelle, tragende Mitte und einmal ewige Vollendung ihrer Liebe ist.

Jedes Sakrament hat diesen ‚Mehrwert' ewigen Lebens, nicht als Vertröstung, sondern als Ermutigung, von letztlich enttäuschenden Irrwegen und Umwegen umzukehren, und als Stärkung, unseren irdischen Pilgerweg trotz Müdigkeit und mancher Schmerzen weiterzugehen. Alle anderen Lebenswege greifen zu kurz und können unsere innerste Sehnsucht nicht erfüllen. Jesus allein dürfen wir ganz vertrauen.

Das ist kein Vertrauen erster Naivität. Das wäre ein kindisches, nie reif gewordenes Vertrauen, das auf Schwärmerei und unglaubwürdigen Aberglauben leichtfertig hereinfällt. Ich meine ein Vertrauen zweiter Naivität, d.h. ein christliches Urvertrauen, das durch die Bewährung im alltäglichen Leben wächst und gedeiht.

Der große Denker und Theologe Karl Rahner hat oft mit Ehrfurcht und Respekt von einem solchen Glauben seiner einfachen Eltern gesprochen – ein Glaube, der nicht theologische Reflexionen anstellte, sondern sich durch die Erfahrung und das Durchhalten im Alltag des Lebensweges bildete.
Diese Eltern – so wie wahrscheinlich auch großteils unsere Eltern – haben auch Krisen erlebt. Ähnlich wie das Volk Israel oder die Jünger Jesu sind auch sie versucht gewesen, anderen Göttern zu folgen. So wie damals das Volk durch Josua oder die Jünger durch Jesus zur Entscheidung aufgerufen wurden, haben sich gläubige Menschen immer wieder für Gott und Jesus entschieden, weil sie im Blick auf ihr Leben Gott als en erfahren haben, der ihnen größere Freiheit und mehr Leben geschenkt hat. Sie konnten wie das Volk Israel heute in der Lesung sagen: „Er hat uns beschützt auf dem ganzen Weg, den wir gegangen sind und unter allen Menschen, denen wir begegnet sind. ... Wir wollen dem Herrn dienen; denn er ist unser Gott."
Ich habe letzten Sonntag davon gesprochen, dass auch ich auf meinem Pilgerweg ein paar Mal versucht war davonzulaufen, also aufzuhören. Der Grund, warum ich es nicht getan habe, ist letztlich, weil mein Weg ein klares Ziel hatte: Maria Zell. Mit Markus Schlagnitweit, unserem Hochschulseelsorger, einem passionierten Weitwanderer und Pilger, teile ich die Erfahrung, die er in seinem Buch „Boden unter den Füßen" (26f) beschreibt: "Wer schon einmal tage- oder gar wochenlang zu Fuß gegangen ist, weiß, dass er ohne ein klar gesetztes Ziel nicht sehr weit käme. Die Schwierigkeiten, denen man unweigerlich begegnet, die Mühsal tagelangen Gehens würden den ziellosen Wandernden frühzeitig zum Aufgeben verleiten: ‚Was tust du dir das noch länger an? Brich doch ab! Ist ja schon genug!'
Nur wer sich ein klares Ziel gesteckt hat, wird solche Situationen bestehen und seinem Weg treu bleiben. Vielleicht ist der Spruch ‚Der Weg ist das Ziel' aber gerade deshalb so populär: Er dispensiert scheinbar davon, sich auf ein Ziel

festzulegen, eine klare Entscheidung zu treffen und ihr auch dann treu zu bleiben, wenn es schwierig wird. .... Ob ein Weg gut und richtig ist, ob er weiterführt, ob meinem entschlossenen Aufbruch auch ein Ankommen entspricht, das diesen Namen verdient – das entscheidet sich vom Ziel her."
Was ich am Pilgerweg erlebt habe, gilt für unser Leben: Unser Ziel ist die Fülle des Lebens bei Gott. Es ist das erfüllendste Ziel überhaupt, um dessentwillen es sich lohnt, manchen Verlockungen zu widerstehen, manche Schwierigkeiten auszuhalten und dieser Berufung zum ewigen Leben treu zu bleiben.
„Bedenke das Ende!" (Respice finem) sagen die geistlichen Meister – nicht um traurig zu stimmen, sondern um uns in der Spur Jesu zu halten, der Spur der Liebe und Treue, und dadurch jetzt schon diese Welt aus dem Geist Jesu mitzugestalten und zum Ziel unseres Pilgerweges zu gelangen: zur Fülle des Lebens bei Gott.
Heute von Jesus gefragt „Wollt auch ihr weggehen?" antworte ich im Rückblick auf meine Lebenserfahrung mit Petrus: „Herr, zu wem soll ich gehen? Du hast Worte des ewigen Lebens." Amen.

23. Sonntag
Jes 35,4-7a; Mk 7,31-37 (9.9.12) Bergmesse auf der Dümlerhütte

Wir alle kennen die Gretchenfrage bei Faust, die Frage nach dem Glauben an Gott. Nicht wenige sprechen heute von einer Glaubenskrise oder Gotteskrise. Ich möchte die Frage heute einmal gleichsam umdrehen und behaupte: „Die Frage ist nicht, ob es Gott gibt, sondern ob es mich gibt: offen oder verschlossen!"
Offenheit ist das große Thema der heutigen Lesungen.

In der Lesung ist diese Offenheit die Tat Gottes. „Habt Mut! Fürchtet euch nicht! Seht, hier ist euer Gott! ... Dann werden die Augen der Blinden geöffnet, auch die Ohren der Tauben sind wieder offen." Diese Offenheit gilt allen Sinnen: die Lahmheit fällt ab; der Lahme kann wieder gehen und sich auf den Weg machen. Im Althochdeutschen sind übrigens die Wörter Weg und Sinn fast gleich bedeutsam. Die Stummheit hört auf; es ist wieder Kommunikation möglich. Die Trockenheit öffnet sich dem Leben.

Offenheit ist Geschenk Gottes; sie ist nicht einfach machbar! Das erste „Effata" (Öffne Dich!) wird uns bereits in der Taufe zugesprochen – und damit werden wir geöffnet für das Du Gottes, das Du der Mitmenschen und für uns selbst, also für die Liebe, die uns zugleich geschenkt wird. Ich bin gewiss, dass wir hier in dieser schönen Bergwelt dies mehr als in der Enge des Alltags erfahren und dafür dankbar sind. So wie Menschen über 1.000 Meter meist per Du sind, also sich füreinander öffnen, so wachsen hier die Nähe zueinander, das Mit- und Füreinander, die Rücksicht und die Verantwortung. Den Sinn des Lebens erfährt man nur über offene Sinne. Hier ist der Sinnbogen des Lebens wohl wieder leichter intakt, während er in der Mühe des Tales und des Alltags auch leicht zerbrechlich und angeknackst ist.

Offenheit ist aber auch ein Stück eigener Tat.

Wichtige Voraussetzungen sind – nach dem heutigen Evangelium von der Heilung des Taubstummen – zunächst, dass ich zur Heilung von der gaffenden Menge, vom Getriebe und vom Räderwerk des Funktionierens, von der Vermassung, von den Voyeurs und den Paparazzi weg bin. Es bedarf der Stille, des Stehens zu sich selbst, der Diskretion, der Zurückgezogenheit, m. a.W. des ‚Berges'. Jesus hat sich immer wieder auf den Berg zurückgezogen, um mit seinem Vater zu kommunizieren und Kraft zu schöpfen.

Die zweite Voraussetzung ist, sich nicht zu isolieren, sondern sich berühren zu lassen. Bei jedem Gehen geschieht von selbst eine Berührung, jene mit dem Boden. Ich kann mit jedem Schritt auch abgeben, was mich belastet und bedrückt. Ich kann zur Erfahrung kommen, dass ich immer ‚Boden unter den Füßen' habe – letztlich ein Gleichnis für Gott selbst, der uns immer trägt und auffängt. Ich soll mich berühren lassen – vom Du Gottes und seiner Schöpfung, vom Du der Mitmenschen und vom eigenen Ich.

Jesus sagt zum Taubstummen „Effata". Nun kann der Mensch, der von anderen hergebracht wurde, sich öffnen; er braucht keine Enge und Angst mehr zu haben und kann jetzt seinen Weg gehen.

Was brauche ich für meinen Weg? Viele wissen, dass ich zwischen 10. Juli und 15. August den Marienpilgerweg von Tschenstochau in Polen nach Maria Zell gegangen bin, d.h. 800 km von den möglichen 1.000 km zu Fuß. Rückblickend auf diesen mir bis dahin völlig unbekannten Weg, der mich wochenlang über einige Gebirge führte, darf ich ein paar Erfahrungen aufzeigen, die ich in Verbindung mit einem Buch und drei digitalen Geräten, die mir auf diesem Weg sehr nützlich waren, machte. Diese Geräte wurden für mich – als Erfindungen des menschlichen Geistes im Nachdenken über die Gesetze der Schöpfung – auch Symbole für Gesetze des geistlichen Lebens, also Sinnbilder für das, was auch im geistlichen Weg wichtig zu beachten ist, um auch ans Ziel des Lebensweges zu kommen.

Ich hatte das Buch „Auf dem Marienpilgerweg" von Markus Schlagnitweit mit. Es beschreibt die einzelnen Etappen des Weges und zeigt auch anhand der Landkarten die geographischen Bezüge auf. Ich hatte jeweils nur 2 – 3 Seiten griffbereit, eben den jeweils aktuellen Abschnitt. Es gab mir die Gewissheit, auf dem richtigen Weg zu sein und das Ziel nicht aus den Augen zu verlieren.

Für mich ist dieses Buch ein Verweis auf ein anderes Buch, in dem uns der Weg des Lebens gezeigt wird, und zwar die Bibel. Wir sind ja zeitlebens Pilger unterwegs und wohin sollen wir uns wenden, wenn nicht zu dem, der Worte ewigen Lebens hat? Auch die Heilige Schrift liest man nicht auf einmal, sondern in jeweils entsprechenden Abschnitten wie etwa am Wortgottesdienst der Eucharistiefeier. „Und muss ich auch wandern in finsterer Schlucht, du bist bei mir; dein Stock und dein Stab geben mir Geleit." (Ps 23) Als Bert Brecht gefragt wurde, welches Buch er auf eine Insel mitnehmen würde, falls er nur eines wählen könnte, sagte er: „Sie werden lachen: die Bibel!"

Ich hatte auf meinem Weg ein GPS mit, also ein Navigationsgerät. Zumal oft die Wegweiser fehlten und es immer wieder galt zu überprüfen, ob ich am richtigen Weg war und ich nicht im falschen Tal landete, ersparte ich mir durch das GPS viele leere Kilometer. Und wenn ich vom Weg abgekommen war oder gar einmal im Kreis gelaufen bin, machte mich dieses Gerät aufmerksam umzukehren und den Um- oder Irrweg zu verlassen.
Wie ist es mit dem Lebensweg? Er, der gesagt hat, dass er immer bei uns sei, hat uns auch nicht als Waisen zurückgelassen, sondern hat uns ein geistliches Navigationsgerät gegeben, den Heiligen Geist. In der Stimme des Gewissens meldet er sich und fordert etwa zur Umkehr auf oder bestätigt mich auf dem rechten Weg. Dabei muss ich immer im Dialog mt der großen Gemeinschaft der Kirche bleiben, denn sonst besteht die Gefahr, dass ich meinen eigenen Vogel mit der Taube des Heiligen Geistes verwechsle!

Das zweite digitale Gerät war das Handy. Ich brauchte keine 24-Stunden-Rufbereitscahft, jedoch freute ich mich, gelegentlich ein SMS über Grenzen, Berge, Hindernisse und Vorurteile hinweg an Menschen, zumal Freunde, senden zu können. Ich freute mich auch über deren Antwort. Geteilte Freude ist ja doppelte Freude, geteiltes Leid halbes Leid.

Das Handy wurde für mich zum Symbol für die ständige Bereitschaft Gottes, seine frohe und gute Botschaft zu hören und auch ihm zu sagen, was mich bewegt. Es war also auch die Einladung, mit ihm zu kommunizieren. Freilich galt es, sich dafür Zeit zu nehmen, den Weg zu unterbrechen und innezuhalten. Es war der Blick zum Himmel – in der Stille des Pilgerns immer wieder, zumindest am Morgen, zu Mittag und am Abend. Aber auch das meditative Rosenkranzgebet war mir auf diesem Weg ein Anliegen. Es ging darum, die Erfahrung der hl. Teresa von Avila zu machen: „Gebet ist wie ein Gespräch mit einem Freund, mit dem ich mich gerne unterhalte, weil ich weiß, dass er es gut mit mir meint."

Schließlich hatte ich einen digitalen Fotoapparat mit: Ich fotografiere gerne und freue mich nachher über die schöne bildhaften Erinnerungen. Damit kann ich später vieles am Weg nachvollziehen und kann auch anderen zeigen, was mich begleitet und geprägt hat. Wer blättert nicht gerne in Erinnerungsalben, etwa über die Kindheit, über die Feste des persönlichen Lebens? Wahrscheinlich gehören auch die Fotos von der Taufe bis zur Trauung dazu. Erinnerungen werden dabei wach!

Einer – Jesus Christus – hat gesagt: „Tut dies zu meiner Erinnerung, zu meinem Gedächtnis!" Wenn wir dies tun und uns an ihn erinnern, wird er selbst unter uns in seinem Für-die-anderen-Dasein gegenwärtig, als der „Ich bin ..." – in seinem Wort und in seinen wirksamen sakramentalen Zusagen, unserer jeweiligen Wegsituation entsprechend. So ist er auch jetzt in unserer Mitte und schenkt sich uns als Wort des ewigen Lebens und als stärkendes Brot, damit uns der Weg nicht zu weit wird und wir unser Ziel erreichen.

Ein Letztes: Alle diese digitalen Geräte brauchen auf einem so langen Weg unbedingt Auflademöglichkeiten. Es war zwar etwas mühsam, sie mitzutragen, da sie auch schwer sind, aber sie waren sehr notwendig, um sie wegtauglich zu erhalten.

So ist es auch in unserem christlichen Leben: Sakramente sind keineswegs einmalige Automaten. So wie Glaube, Hoffnung und Liebe Beziehungen sind und nur in der „Schwebe des Lebendigen" (Max Frisch) wach und hilfreich bleiben, so bedarf es auch des täglichen (oft nächtlichen) Aufladens, damit die geistlichen Batterien nicht leer sind und ein geistliches Burn-out folgt. Es bedarf der täglichen zumindest kleinen geistlichen Dosis: Ich soll mich fragen, ob ich dem Kurs des Heiligen Geistes folge, ob ich genügend mit Gott im Gespräch bin und ob auch für mich die Feier der Erinnerung an ihn zu seiner mich stärkenden Gegenwart wird. Dort, wo unser geistliches Leben zur Asche zu werden droht, wird sie durch das ‚Aufladen' im Gebet, Meditation und Gottesdienst immer wieder zur Glut. So wird uns auch die Gewissheit geschenkt, dass wir nicht nur auf dem Wege sind, sondern auch unser Ziel, ein gutes, heiles und vollendendes Ziel erreichen. Amen.

Erntedank - Konzilsjubiläum
Joel 2,21-24.26-27; Mk 4,26-29) (7.10.12)

Wir feiern Erntedank. Was ist Voraussetzung, um das tun zu können? Wer dankt, ist sich bewusst, sich nicht selbst zu genügen, sondern auf das Du eines anderen verwiesen zu sein, also einer zu sein, der offen und zu empfangen bereit ist. Wer selbst die Weisheit mit Löffeln gegessen hat, wer sich selbst für vollkommen hält und meint, alles allein herzustellen und zu machen, braucht niemand anderen! Doch ist ein solcher Mensch nicht blind für das, was – in der Sprache des heutigen Evangeliums – von selbst geschieht, also ohne sein Zutun?!

M.a.W.: Um danken zu können bedarf es der Haltung der Demut!

Am kommenden Donnerstag, dem 11. Oktober, denkt die Kirche daran, dass vor 50 Jahren das II. Vatikanische Konzil eröffnet wurde. Ich bin überzeugt, dass dieses Konzil gerade in dieser Haltung der Demut und Bescheidenheit ein glaubwürdiges Zeugnis gegeben hat und uns ein Vorbild ist.

Es ist zunächst die Offenheit für Gottes Heiligen Geist, für den Johannes XXIII die Fenster aufgestoßen hat. Die größte Dankbarkeit galt deshalb Gott selbst, der die Kirche einen Sprung vorwärts gebracht hat und Frischluft in ihr teils schon morsches Gebälk gebracht hat.

Es werden in diesen Tage verschiedene erfreuliche Erneuerungen dieses Konzils genannt und es wird wohl zu Recht bedauert, dass inzwischen ein Reformstau eingetreten ist. Ich meine, die wichtigste Frohbotschaft dieses Konzils ist die Aussage, dass Gottes Heil in Jesus Christus allen Menschen gilt; es ist der sogenannte Heilsuniversalismus als Frohbotschaft für alle Menschen. Es gilt nicht mehr: „Außerhalb der Kirche kein Heil!"

Wenn beim Erntedankfest unser erster Adressat, dem wir danken, Gott selbst ist, so danken für seinen universalen Heilswillen: während in der Welt und auch in der Kirche noch immer oft ab- und ausgegrenzt, ausgesondert und gar ausgeschlossen wird, gilt Gottes Liebe allen, nicht als satzhafte Vermittlung eines Katechismus, dessen Sätze wir für wahr halten sollen, sondern in seiner liebenden bleibenden Zuwendung in Jesus Christus. Karl Rahner fasst es so zusammen: „In Jesus Christus hat Gott sein letztes und endgültiges Wort gesprochen: Welt, ich liebe dich! Mensche, ich liebe dich!"

Wenn wir jetzt Eucharistie feiern – das heißt ja „Dankfeier", so produzieren und stellen wir nichts her, sondern wir stellen vielmehr dar, was Gott selbst uns in Jesus geschenkt hat und immer von neuem schenkt. Er schenkt sich uns in seinem Wort und in den Zeichen von Brot und Wein, in denen er unter uns gegenwärtig ist und uns stärkt.

Das sollte uns auch jeden Stress nehmen, dass wir die Welt zu retten haben und es von unserer Leistung abhängt, ob alles gut ausgeht oder nicht. Trotz allem „Seufzen der Schöpfung", wie es vielfach auf unserer Erde hörbar ist, dürfen wir vertrauen, dass es doch „Geburtsschmerzen" des unaufhaltsam kommenden Reiches Gottes sind (vgl. Röm 8)

Weil wir unsere Lebensmittel wohl meist im Geschäft kaufen, erleben wir deren Wachsen und Reifen nicht mehr so hautnah wie ich es als Kind auf dem elterlichen Bauernhof etwa getan habe; nichtsdestoweniger wollen wir heute ganz bewusst für die Früchte der Erde danken. In der Lesung wird dieses „von selbst" des Evangeliums beispielhaft aufgezählt: „Das Gras in der Steppe wird wieder grün, der Baum trägt seine Frucht, Feigenbaum und Weinstock bringen ihren Ertrag. … Die Tennen sind voll von Getreide, die Keltern fließen über von Wein." Und es folgt daraus fast logisch: „Ihr werdet essen und satt werden und den Namen des Herrn, eures Gottes preisen, der für Euch solche Wunder getan hat."

Wir wollen uns auch bewusst sein, dass Menschen, auch Christen, das Wort „Macht euch die Erde untertan" lange falsch ausgelegt haben und oft schonungslos den Garten Eden zerstört haben. „Ökologische Umkehr" ist heute ein Gebot der Stunde; nur so wird die Schöpfung bewahrt. Dazu kann jede und jeder beitragen, etwa durch Fair-Trade, durch bewusstes regionales und saisonales Einkaufen.

Unser Dank an Gott soll auch stellvertretend für jene sein, die gedankenlos sind und zu danken vergessen, weil sie alles selbstverständlich nehmen. Es tut einem ums Herz weh, wenn man hört, wie viele gute Nahrungsmittel bei uns weggeworfen werden, während woanders Millionen Menschen an Hunger leiden. Wir sollen doch nicht wünschen, dass wieder schlechte Zeiten kommen, um das Danken wieder zulernen. Nein, in guten Zeiten sollen wir die Dankbarkeit als Gedächtnis des Herzens nicht vergessen!

Wir danken auch für die Früchte der menschlichen Arbeit, also für die Saat der Menschen durch Ihre Begabungen und Talente, für die Erfindungen und Kreationen der Menschen in ihrer Arbeit. Der ‚homo faber' gestaltet die Welt dank des ihm von Gott geschenkten Geistes; Denken, Danken und Andacht haben nicht nur dieselbe Sprachwurzel, sondern gehören auch innerlich zusammen.

Freilich gilt der Dank nicht nur Gott, sondern auch unseren Mitmenschen, zuerst wohl den nächsten Angehörigen, all jenen, die durch Dienstleistung daheim oder anderswo und durch Erwerbsarbeit vieles für die Menschheit beitragen. Als Pfarrer danke ich auch besonders all denen, die durch ihren Einsatz so vieles zum Wohle unserer Pfarrgemeinde St. Konrad und über unsere Zäune hinweg für das Wohl anderer beitragen.

Einen Gesichtspunkt möchte ich in diesem Dank an andere heute besonders hervorheben. Früher kam sich die Kirche oft als geschlossene und vollkommene Gesellschaft vor, die niemanden von außen braucht, weil sie ja selbst alles hat. Das 2. Vatikanische Konzil ist uns auch darin ein Vorbild, indem es gegenüber der Welt Erntedank feiert und dankbar anerkennt, wie viel Wertvolles sie von der Welt erhält. Kirche ist in der Welt und wird von dieser auch bereichert – deshalb bedarf es unbedingt auch des Dialoges mit der Welt, also keiner „Entweltlichung" (Benedikt XVI).

Das Konzil sagt wörtlich: *„Die Kirche ist sich darüber im Klaren, wie viel sie selbst der Geschichte und Entwicklung der Menschheit verdankt. Wissenschaften, Kultur, Philosophie, die Vielfalt der Denkweisen, gleichgültig ob es sich um Gläubige oder Ungläubige handelt…Wer nämlich die menschliche Gemeinschaft auf der Ebene der Familie, der Kultur, des* *wirtschaftlichen und sozialen Lebens, der nationalen und internationalen Politik voranbringt, leistet nach dem Plane Gottes auch der kirchlichen Gemeinschaft .. eine nicht unbedeutende Hilfe. Ja, selbst die Feindschaft ihrer Gegner und Verfolger, so gesteht die Kirche, war für sehr nützlich und wird es bleiben."* (GS 44)

Ist mir schon einmal der Gedanke gekommen, auch für meine Feinde zu danken, die vielleicht durch ihre Kritik in mir manch blinden Fleck in der Selbsterkenntnis aufgehellt hat, wie es ja auch die Aufklärung und Religionskritik bis heute für die Kirche tut.

Es ist allerdings kein unkritisches Der-Welt-Verfallen-Sein, denn der Mensch muss auch weiterhin fragen, ob er alles tun darf, was er tun kann. Zwei aktuelle Beispiele: das eine ist der Bereich um die Bioethik und all den Möglichkeiten, menschliches Leben zu produzieren bzw. es loszuwerden, also wegzuschaffen. Das andere Beispiel ist der fiktive Markt, wo in Millionstelbruchteilen ein Rechenapparat automatisch Wirtschaftsdaten liest und Unsummen Geldes verschiebt – nur um für den Spekulanten möglichst großen Profit herauszuholen. Ich fürchte, hier geht es uns wie dem Zauberlehrling, dass wir die Geister, die wir riefen, nicht mehr loswerden. Hier brächte es wohl einen Untersuchungsausschuss, der die weltweiten Korruptionen aufdeckt und stoppt!

Ich wage zu behaupten: Ohne Dankbarkeit korrumpiert der Mensch. Auch um unseres Heiles willen brauchen wir Dankbarkeit. Es tut uns deshalb gut, heute Erntedank zu feiern, „denn die Zeit der Ernte ist da" (Evg.) und tun wir es von Herzen. Dann „werden wir erkennen, dass Gott mitten unter uns ist und dass er unser Gott ist – und sonst niemand" (Lesung). Amen.

32. Sonntag

1 Kön 17,10-16; Mk 12,41-44 (11.11.2012)

Wir alle kennen das Wort der Bibel: „Es ist nicht gut, dass der Mensch allein sei." Wir sind selig aufeinander verwiesen, hier im Leben. Leben ist gegenseitiges Geben und Nehmen. Wir bedürfen einander, nicht nur in der alltäglichen Sorge um das tägliche Brot sondern auch im geistlichen Leben. Wenn man heute von der Notwendigkeit lebenslangen Lernens in den weltlichen Berufen (lifelong learning) spricht, so bin ich überzeugt, es bedarf dieses gegenseitigen lebenslangen Lernens auch in der geistlichen Berufung und in unserem Glauben. Da geht es freilich noch mehr als um ein Sachwissen (etwa des Katechismus) um ein Lernen mit dem Herzen (learn by heart).

Wenn die Kirche manche Menschen zu KirchenlehrerInnen ernennt, so sagt sie, dass die Gemeinschaft der Kirche und einzelne Glaubende von ihnen besonders viel gelernt haben und lernen können. So hat vor kurzem etwa Papst Benedikt Hildegard von Bingen zur Kirchenlehrerin ernannt.

Ich meine, dass uns in den heutigen beiden Lesungen auch in den zwei Witwen gleichsam zwei Kirchenlehrerinnen begegnen, von denen zwei Gottesmänner, der große Prophet Elija und der menschgewordene Gottessohn Jesus, viel lernen.

Witwen haben viel Leid erfahren, denn sie haben den Liebsten verloren; sie waren oft am Ende ihrer Kräfte. Sie waren damals auch wirtschaftlich ganz schlecht gestellt. Sie zählen jedenfalls zu den Armen. Gerade diese Witwen werden uns zu Vorbildern und Lehrmeisterinnen. Vielleicht muss man das Liebste hergegeben haben, um so reif und selbstlos zu werden.

Die Witwe von Sarepta (übrigens eine Frau, eine andersgläubige Ausländerin) wird vom Propheten Elija aufgefordert, ihm das zum Leben notwendige Wasser zu bringen; im Vertrauen auf ihre Großzügigkeit bittet er auch noch um Brot – und das mitten in einer Hungersnot, wo sie selbst nur mehr eine Handvoll Mehl und ein wenig Öl im Krug hat. Nicht weltfremd, sondern nüchtern weist sie darauf hin - fragend, wie das geschehen solle.

Ahnt sie im Herzen, was Jesu in die Worte fasst „Was Ihr einem von diesen Geringsten getan habt, das habt ihr mir getan" (Mt 25)? Sie verlässt sich jedenfalls auf das Wort des Elija: „Fürchte dich nicht!" und tritt so aus der eigenen Enge und Angst in die Weite des Vertrauens (wie es andere vor und nach ihr getan haben) So bringt diese Witwe dem Propheten zum Trinken und zum Essen und bereitet angesichts des eigenen bevorstehenden möglichen Todes dem Propheten sein Abendmahl.

Wahrscheinlich haben Witwen mehr als andere erfahren, dass das Leben Geschenkcharakter hat und man nichts festhalten kann. Der vor kurzem verstorbene Kardinal Martini sagt: „Ein geheimnisvolles Gesetz waltet darin, dass der Arme großzügiger ist als der Reiche. Der Mensch, der mehr gelitten hat, gibt auch mehr her. ... Die Witwe aus Sarepta ... begreift die Gaben Gottes, weil sie selbst so oft Prüfungen unterzogen war." Das ist freilich keine Automatik: Arme können auch verbittern und Reiche können großzügig bleiben! Es ist leider nicht selten auch so, dass der früher Arme (und sozial Niedrige) als Neureicher besonders geizig und kleinkariert werden kann.

Die Bitte des Elija bewahrt die Hand der Frau, dass sie zupackt und für sich selbst nimmt, wie es Adam und Eva mit den Früchten des Baumes getan haben und sich dadurch vom Quell des Lebens abnabeln. Die gebende und geöffnete Hand der Witwe wird zugleich zur empfangenden Hand für die Gabe Gottes, der selbst die Sorge für die Witwe und ihren Sohn übernimmt.

Das erfährt der Mensch freilich nur im Sich-Ein-Lassen auf die Weisung Gottes und im Vertrauen auf sein Wort. Die Wahrheit wird erst im Tun erfahrbar! „Sie ging und tat, was Elija gesagt hatte. ... Der Mehltopf wurde nicht leer und der Ölkrug versiegte nicht."

Ich bin überzeugt, dass die Witwe dadurch auch dem Gottesmann ein Vorbild war und ihn in seiner eigenen geistlichen Berufung und im Glauben bestärkte. Wenn sich Elija später für den toten Sohn der Witwe ganz einsetzt, ist zu vermuten, dass er solchen Einsatz für andere am Beispiel der Witwe gelernt hat.

Elija ging hier in eine Glaubensschule. Er brauchte noch einige weitere geistliche Nachhilfestunden, etwa in seiner Meinung, Gott sei im Sturm, Erdbeben und Feuer - aufgrund dessen er die Baals-Priester töten ließ. Er verwechselte sein eigenes Temperament mit Gott. Es bedurfte noch der Verfolgung durch die feindliche Königin Isebel und der Stärkung durch den Engel, um am Berg Horeb zu erfahren, dass Gott im sanften leisen Säuseln ist, also im Kleinen und Unscheinbaren. Gott ist auch bei uns jetzt, wenn uns der Tisch seines Wortes und des unscheinbaren Brotes gedeckt wird!

Die Witwe von Sarepta ist uns im Sinne der Bergpredigt Lehrmeisterin im Vertrauen auf die Vaterunser-Bitte: „Gib uns heute unser tägliches Brot". Dieses Vertrauen würde Brotraub und Brotneid verhindern. Was wir haben, würde für alle reichen: ‚der Mehltopf würde nicht leer und das Ölkrug nicht versiegen'.

Auch Anbetracht manch winterlicher Situation in der Kirche sollen wir uns fragen: Vertrauen wir letztlich auf Gottes Begleitung und Wirken oder zählt nur unser Bemühen und der eigene Erfolg – mit der Gefahr, dass es ein kirchlicher Betrieb ohne Gott wird? Es genügt das bisschen Mehl und das wenig Öl, also die Kleinigkeit, die jede/r hat, einzusetzen – und das Wunder geschieht auch heute!

Auch im Evangelium hören wir von einer Witwe, von der – so meine ich – Jesus gelernt hat. Jesus ist nämlich kein Außerirdischer (= ET), der aus einer anderen Welt, dem Himmel, kommt und uns einige Insidertipps über Gott bringt. Wenn

wir wirklich an die Menschwerdung Gottes in Jesus glauben, so ist er nicht als fertiger Gott vom Himmel gefallen, sondern hat als wirklicher Mensch auch zeitlebens ständig gelernt, um zu dem zu werden, wer er sein sollte.
Er lernte von seinen Eltern, von seiner religiösen Tradition, von Johannes dem Täufer, auch von seinen Gegnern. Nach den Evangelien hatte er eine Art von dreißigjähriger ‚Inkubationszeit', bevor er mit seiner Erfahrung und mit seinem Herzens-Wissens auf die Menschen zuging. Auch dann lernte er noch weiter. Er wird z.B. berichtet, dass er von einer nichtjüdischen Frau lernte, dass er seine Sendung nicht auf das jüdische Volk begrenzen dürfe.
Er lernte auch von der Witwe des heutigen Evangeliums. Im Tempel sieht Jesus, dass viele Reiche viel in die Opferkästen werfen. Man sieht ja das auch oft im Fernsehen bei Charity-Veranstaltungen und Spenden-Galas, demnächst wieder bei „Licht ins Dunkel". Das mag gut und recht sein. Das Lob aus dem Munde Jesu aber bekommt die arme Witwe, die zwei kleinste Münzen (= Cents) hineinwirft. Während die einen von ihrem Überfluss gegeben haben, gibt sie ihren ganzen Lebensunterhalt.
„Jesus sah nicht über sie hinweg, sondern er lernte von dieser Frau. Seine Erkenntnis muss ihn so heftig durchfahren haben, dass er sofort seine Jünger/innen herbeirief und ihnen erklärte: Diese Frau gibt nicht viel, aber alles, was sie besitzt." (Josef Epping, Christ in der Gegenwart, Nov.2012) Sie sichert sich nicht ab und sucht nicht die eigene Ehre und das Lob der anderen, sondern vertraut ganz auf Gott. Jesus stellt sie als Vorbild hin. So wie sie sollten auch wir Christen sein. Mehr als der materielle Wert zählt die Liebe, die Hingabe.
Jesus hat wenige Tage darnach getan, was er bei dieser armen Witwe wahrgenommen hat und hat in derselben liebenden Grundhaltung in äußerster Konsequenz sein Leben hingegeben.

Die beiden Witwen können für jede/n von uns eine Anregung sein, nachzudenken, wer für mich so eine „Kirchenlehrerin" (oder Kirchenlehrer), ein Vorbild war, eine Person, durch deren Lebensbeispiel ich gelernt habe. Waren es meine Eltern, Freunde, Lehrerpersönlichkeiten, dieser oder jener mir zufällig begegnende Mensch, der für mich authentisch und überzeugend gewirkt hat? Es ist wahrhaft Grund ihnen zu danken.

Ich bin überzeugt, dass es auch Menschen gibt, für die Sie und ich auch ein bisschen Kirchenlehrer, also Vorbild, sein durften, indem mein Beispiel so oder so überzeugend war. Leben ist Geben und Nehmen, ein lebenslanges „Mit-dem-Herzen-Lernen" in seliger Verwiesenheit aufeinander. Amen.

Allerheiligen

1 Jo 3,1-3; Mt 5, 1-12a (1.11.2006)

Wieder ein Feiertag, der gut in unsere Landschaft der Zwickeltage und Kurzurlaube hineinpasst, mit dessen eigentlichen religiösen Sinn aber wohl immer weniger Menschen etwas anzufangen wissen, gelegentlich vielleicht wir selbst nicht einmal.

Wer will schon heilig sein oder werden? Für hier auf Erden klingt das reichlich antiquiert, verzopft und altmodisch, abgehoben und weltfremd, auf jeden Fall alles andere als ‚cool', schon gar nicht ‚geil'! Und für die Ewigkeit, falls es sie gibt, ist die Vorbereitung darauf wohl anstrengend und nachher wird es vielleicht fad, wenn wir mit dem Bayern im Himmel ständig Halleluja singen sollen.

Ein paar Gedanken, die vielleicht gar nicht so ‚out' sind mögen einen Zugang zum Kern des heutigen Festes ermöglichen.

Am ehesten denken Christen und Christinnen noch an die Heiligen, wenn sie bei der Taufe eines Kindes nach dem Namenspatron, also nach einem Heiligen

Ausschau halten. Selbst wenn es vorkommt, dass manche das Kind nur zur Taufe bringen, damit – wie der Volksmund sagt – „das Kind einen Namen hat". Ist damit nicht doch etwas sehr Hintergründiges gemeint?

Ich bin überzeugt, dass alle bei der Taufe diesem kleinen hilflosen Bündel Mensch von Herzen wünschen, dass sein Leben gelinge, jenes Leben, das wir nie in Griff haben (und haben dürfen), das in der Offenheit seines Woher und Wohin unser Begreifen übersteigt.

Der neugeborene Mensch wird nun ‚benannt' als dieses einmalige Individuum, als das es durch das Leben gehen und so seine ganz persönliche Biographie schreiben wird.

Was bedeutet es, dass wir in unserer christlichen Tradition bei der Taufe durch einen Heiligen als Namenspatron die Verbindung zu den Heiligen suchen.

Ich weiß, dass manche Namensgebung unter dem Diktat der Mode oder des ästhetischen Sprachgefühls steht, und manchmal frage ich mich, was das Kind dafür kann, dass es den Namen dieses oder jenes Stars tragen muss, den später niemand mehr kennt. Trotzdem sollen und dürfen wir uns heute die Frage stellen, welchen Sinn es noch immer macht, aus der reichen, ja letztlich unzähligen Schar „aller Heiligen" seinen Namen zugesprochen zu bekommen.

Der Name eines Menschen ist etwas vom Kostbarsten, denn er ist Zeichen seiner Einmaligkeit und seiner absoluten Würde, die nie zu einer bloßen Funktion und Rolle reduziert werden darf – nach dem Motto „Der Mohr hat seine Pflicht getan und kann abtreten". Wir alle haben auch Rollen und Funktionen, doch wehe wir haben keinen Namen mehr, also kein Du mehr, das uns beim Namen, also um unserer selbst willen ruft, d.h. ein Du, das wirklich uns selbst meint und nicht nur meine Arbeitskraft, meine Sexualität oder etwas anderes an mir. Jemand wirklich beim Namen meinen und nennen, heißt ihn lieben. Wer einen Namen hat, kann bei seinem Namen gerufen werden; er hat einen ‚Ruf'.

Der Name ist das Kostbarste im Menschen, aber zugleich auch das Empfindlichste, weil er den Menschen selber meint, nicht etwas an ihm. Wer in ‚Verruf' geraten ist, dessen Ruf ist beschädigt und zerstört; er lässt sich viel schwerer wieder herstellen als etwa Besitz, selbst als etwa Gesundheit. Wer keinen Namen hat, gilt letztlich als nichts, ist ein Nobody, ist namenlos, vogelfrei und anonym. Die größte Angst ist die Anonymität, also niemand zu haben, der mich beim Namen ruft.

‚Datenschutz' in seinem wahren und tiefsten Kern meint genau diese intime Würde des Menschen, die in seinem Namen zum Ausdruck kommt und die es zu schützen und zu bewahren gilt – etwa vor der schamlosen, nimmersatten Neugier nicht nur der Paparazzis, sondern aller Voyeurs und aller, die nur etwas vom Menschen wollen, seine Nähe ohne Liebe suchen und ausnützen und auf ihre Rechnung kommen.

Was bedeutet auf diesem Hintergrund, dass wir einen Heiligen als Namenspatron haben?

Ich möchte sagen, dass die Verbindung zu den Heiligen schon seit Beginn des Lebens in der Taufe so etwas wie ein göttlicher ‚Datenschutz' ist. Unser christlicher Name stellt uns in den Schutzkreis der Heiligen und bindet uns zurück in den göttlichen Erfahrungshorizont.

Ich finde es sehr schön, dass viele biblische Namen durchaus wieder modern sind. Sie besagen meist – übersetzt – eine heilende, rettende und erlösende Tat Gottes aus. So heißt z.B. Michael „Wer ist wie Gott?", Rafael „Gott heilt", Isaak „Gott hat gelacht", Johannes „Gott ist Gnade", Eva „Mutter der Lebenden", Immanuel „Gott mit uns", Jesus „Gott rettet".

Immer ist der Name Ausdruck gottgeschenkter Einmaligkeit und Geliebtheit.

Wenn wir Christen bei der Taufe einen Namen aus der Schar „aller Heiligen" zugesprochen bekommen, heißt das:

Unser so persönlicher und doch leicht verletzbarer Name darf immer auch im Lichte des göttlichen Namens Jahwe gelesen werden: „Ich bin bei dir. Ich habe dich bei deinem Namen gerufen. Du bist mein geliebtes Kind" (wie es heute die Lesung sagt).

Wer sich für diesen göttlichen ‚Datenschutz' offen hält, indem er den Namen eines Heiligen trägt, dem gelten die Seligpreisungen, die gegen jede falsche Selbstgenügsamkeit des Menschen seine selige Verwiesenheit auf Gott bekunden. In Jesus erweist sich dieser Gott unendlich treu und verlässlich.

In der alten Tradition des Namenspatrons wird jedem getauften Christen ein Heiliger oder eine Heilige zur Seite gestellt. Heilige sind nicht moralische Tugendbolde und Helden, die aufgrund ihrer Verdienste ‚heilig' sind. Heilige sind vielmehr lebendige Zeichen der Treue Gottes zu seinem Volk und zum Namen seiner Kinder. Die Namen der Heiligen sind eingeschrieben in Gottes Hand für immer; sie sind für uns Sinnbilder vollendeter christlicher Hoffnung.

Wenn also schon bei der Taufe das kaum begonnene noch ungeschriebene Menschenleben in ausdrückliche Beziehung zur Gemeinschaft der Heiligen gesetzt wird, so ist dies Ausdruck einer ganz großen Glaubenszuversicht: es ist nicht nur ein gutgemeinter Wunsch, dass dieses Leben gelinge, sondern es ist die feste Glaubensgewissheit und Zuversicht, dass dieses Leben gelingt, denn auch dieses Leben ist eingeschrieben in Gottes Hand und dieser Name wird nicht zuschanden in Ewigkeit.

Unsere Namenspatrone, die uns bei der Taufe aus der Schar „aller Heiligen" gegeben wurden, sind inmitten einer zweifelnden und gelegentlich verzweifelnden Welt konkrete Erinnerung und leuchtende Signale, dass uns nichts zu trennen vermag von Gottes Liebe in Christus Jesus. In diesem Sinn ist Allerheiligen fürwahr ein Fest aller Getauften: Wir werden ermutigt und getröstet: Gott, der uns in seine Hand geschrieben hat, lässt uns nicht in

Namenlosigkeit und Beziehungslosigkeit versinken; er kennt und ruft als seine Kinder alle bei ihrem Namen.

Es ist also durchaus in dieser hintergründigen Bedeutung zutiefst sinnvoll zu taufen, „damit das Kind einen Namen hat". Amen.

Allerheiligen

1 Joh 3,1-3; Mt 5,1-12a (1.11.2012)

Wollen Sie ein Heiliger, eine Heilige werden? Vielleicht befremdet Sie diese Frage, denn ich kann mir denken, dass unmittelbar diese oder jene Vorstellungen aufsteigen, etwa:
Ich bin ein ganz normaler Christ sein. Ich bin weder Priester noch Ordensmann, denen das gut, jedenfalls besser ansteht. Dazu bin ich viel zu sehr geerdet; ich hätte Angst als Heiliger zu sehr abzuheben. Die Heiligen sind doch die, die, wie Felix Baumgartner auf seine spektakuläre Weise die normale Stratosphäre hinter sich gelassen hat, auf ihre Weise sozusagen die für normal Sterbliche unüberwindbare geistliche Schallmauer durchstoßen haben – nicht auf „Teufel komm heraus", sondern auf „Gott komm heraus!" Ich vermute: Vor allem aber neigen wir alle dazu zu bekennen, dass wir nicht so vollkommen sind, um uns als Heilige zu empfinden.
Ich fürchte, auch so manche Darstellung der Heiligen trägt bei, dass wir so manche Reserven verspüren, ein Heiliger zu werden. Der Wiener Jesuit und Kunstexperte Gustav Schörghofer hat in dieser Woche (Kathpress 24.10.12) festgestellt, dass es eine große Kluft zwischen den ‚braven' Heiligendarstellungen im kirchlichen Umfeld und jenen der ‚profanen' modernen Gegenwartskunst gibt. So meint er, dass viele stark idealisierte Madonnenbilder im Zusammenhang mit Erscheinungsorten bestimmte Bereiche der Wirklichkeit

ausklammern: „Sie zeigen nichts von Leid und Schmerz, von der Last des Lebens, von Armut und Not. Es sind Bilder einer heilen Welt, die all das nicht kennt." Deshalb entstehen oft „Bilder eines Menschen hoch über allen anderen, schön, farblos und brav."

In dieser allzu braven Darstellung „begegnet uns nur ein Ausschnitt der Welt, das Reine als Farblosigkeit, das Unerotische, das Nicht-Vitale, das Unverletzte, das Abgehobene und Unberührte." Die Folge diese Ausgrenzung alles Irdischen und Fleischlichen ist, dass Heiligenbilder, die doch in der Kunst immer einen großen Stellenwert hatten, nun in der Kunst rar geworden sind.

Die Kunst der Moderne schenkt seine Aufmerksamkeit hingegen gerade dem Einfachen, Geringen, Niedrigen und Geringgeschätztem, dem Verletzten und dem Schutzlosen. Sie „heiligt" gewissermaßen den Menschen in seiner Verletzlichkeit und Einfachheit und gerade so in seiner Würde.

Ich bedaure dieses Auseinanderdriften in der Darstellung der Heiligen. Ich bin nämlich überzeugt, dass bezüglich Heiligkeit gerade den zuletzt genannten Eigenschaften des Geringen und Verletzlichen mehr Beachtung gebührt als den vorhin genannten Eigenschaften des Abgehobenen und Unberührten so mancher allzu braven Darstellungen.

Auch die eben gehörten biblischen Lesungen deuten in diese Richtung: Wenn die Lesung von unserer Kindschaft Gottes spricht, so ist keine kindische Haltung gemeint, sondern die vertrauensvolle Verwiesenheit auf das göttliche je größere Du. Die Kinder Gottes sind nicht schon vollkommen sind; für sie liegt noch manch Überraschendes erst in der Zukunft der Ewigkeit.

Die Seligpreisungen des Evangeliums sprechen ausdrücklich von den Kleinen, Trauernden, Hungernden usw., also von der Wertschätzung des Einfachen, Geringen, Niedrigen, Geringgeschätzten, Verletzlichen und Schutzlosen. Es geht also um Menschen, die nicht in Seligkeit schwelgen, sondern vielfach mühselig und beladen sind. Aufgrund ihrer Mängel Unvollkommenheit sind sie bedürftiger als die Übersatten und damit auch empfänglicher für alles, was unverfügbares Geschenk ist.

Jesus verherrlicht nicht die Drangsal an sich, aber tatsächlich ist das Verspüren der eigenen Unvollkommenheit Voraussetzung für das Geschenk der von Gott stammenden Heiligkeit.

Heiligkeit im Sinne von Perfektionismus ist am Holzweg; es widerspricht der Einsicht des Apostels Paulus: „Denn Stückwerk ist unser Erkennen, Stückwerk unser prophetisches Reden …. Jetzt schauen wir wie im Spiegel und sehen nur rätselhafte Umrisse. … Jetzt erkenne ich unvollkommen" (1 Kor 13,9ff)

Heiligkeit ist gemäß dem 2. Vatikanischen Konzil kein Privileg einiger besonders Auserwählter und Tugendhafter. „Daher sind in der Kirche alle, mögen sie zur Hierarchie gehören oder von ihr geleitet werden, zur Heiligkeit berufen." (LG 39) Heiligkeit ist zunächst weder Verdienst noch Leistung der besonders Frommen, sondern ein Geschenk Gottes an alle Getauften. Heilige sind bei Paulus durch Gottes Berufung alle Getauften. Freilich soll sich diese Berufung im Leben bewähren, nicht im Sinne einer ersten schwärmerischen und von der Erde abgehobenen Naivität, sondern im Sinne einer durch die Treue im gewöhnlichen Alltag bewährten zweiten Naivität. Überall wo Menschen ihren Glauben im gewöhnlichen Leben gleichsam ausbuchstabieren und auf dem Weg des Glaubens mit all den dazugehörigen Brüchen und Zweifeln verweilen, sind sie für mich Heilige.

Auch von den zur Ehre der Altäre ernannten Heiligen feiern wir am heutigen Festtag nicht in erster Linie deren vermeintlich perfekte Lebensführung, sondern deren Hunger und Durst nach Gott und deren lebenslanges Suchen Gottes. Wie alle Menschen haben sie ihre Ecken und Kanten, ihre Stärken und Schwächen. Sie sind Kinder ihrer Zeit mit der jeweils begrenzten Sichtweise und dem jeweils beschränkten Lebensmilieu. Keiner von ihnen hat die Vollkommenheit mit

Löffeln gegessen noch die Weisheit gepachtet. Auch sie tragen ihre Heiligkeit „in zerbrechlichen Gefäßen; so wird deutlich, dass das Übermaß der Kraft von Gott und nicht von uns kommt." (2 Kor 4,7)

So wie Kirche im Konzil von sich selbst sagt, dass sie keine vollkommene selbstgenügsame Gesellschaft ist, sondern als Gottes pilgerndes Volk immer auch Um- und Irrweg macht, so nähert sich auch der einzelne Christ der Vollendung und der Vollkommenheit nur bruchstückhaft. Gerade weil unsere Heimat im Himmel liegt, versuchen wir hier auf Erden gleichsam wie bei einem Puzzle-Spiel die Bruchstücke zu einem größeren Ganzen zusammenzusetzen, ohne jemals damit fertig zu werden (vgl. Johann Röser, Lob der Unvollkommenheit, Christ in der Gegenwart 64/Jan 2012). Heilige, ob lebend oder verstorben, haben den Mut, das Bruchstückhafte anzuerkennen – statt Vollkommenheit im Weltabgehobenen und Blutleeren zu suchen.

Ist uns solche geerdete und unvollkommene Heiligkeit, wie sie eher dort und da in der Kunst der Moderne zum Ausdruck kommt, nicht näher? Solche Heiligkeit ist uns aller Gabe und auch Aufgabe. Sie nimmt uns in unserem mangelhaften Unterwegssein ernst und holt uns ab, wo immer wir sind. Zu solcher Heiligkeit gehören auch das Zweifeln, das Suchen und Tasten im Glauben, wie es beispielhaft der mir sympathische so genannte ‚ungläubige Thomas' vorlebt. Am Weg der Heiligkeit ist freilich nur, wer sich zeitlebens nach dem je größeren Gott ausstreckt.

Eine chassidische Geschichte möge uns Mut auf diesem Wege machen:

„Ein Junge wollte Rabbi werden. Da fragte ihn de Rabbi: „Liebst Du Gott aus ganzem herzen? Der Junge zögerte mit einer Antwort und blieb still. Da fragte ihn der Rabbi: „Hast Du den Willen, Gott mit ganzem Herzen zu lieben?" Rasch antwortete der Junge: „Ja, aber dann …! Da fragte ihn der Rabbi zum dritten Mal: „Hast Du den Willen, den Willen zu haben, Gott mit ganzem Herzen zu

lieben?" Da strahlte der Junge und sagte erfreut: "Ja, das habe ich." Da antwortete der Rabbi: "Du bist auf dem Wege!"
Ich bin überzeugt, wenigstens in diesem Sinne sind wir alle auf dem Wege zur Heiligkeit. Amen.

Allerseelen

Weish 11,23-12,1; Jo 14,1-6 (2.11.2003)

Was führt uns am Allerseelentag zusammen? Ist es ein jährlicher Brauch oder mehr? Abgesehen davon, dass der Mensch feste Bräuche braucht, könnte aus dem Brauch schnell eine leere Gewohnheit werden.
Führt uns das Prinzip Hoffnung zusammen, von dem der Philosoph Ernst Bloch spricht?
Aber Prinzipien sind allgemein und blutleer. So schön es klingen mag „Seid umschlungen Millionen!", davon kann der Mensch nicht leben. Liebe ist immer konkret.
Es sind konkrete Menschen, die einen Namen haben, einmalig und unwiederholbar sind, - Menschen, die einen wesentlichen Teil auf unserem Lebensweg gespielt haben, ja die uns vielleicht sogar das Leben geschenkt haben, unsere Eltern und Großeltern, oder die Partner, mit denen wir in innigster Liebe verbunden waren, Kinder, die uns der Tod entrissen hat, Freunde, die uns fehlen, Nachbarn, Arbeitskolleginnen und -kollegen, alles konkrete Menschen, deren Namen in unser Herz eingeschrieben sind.
Bei vielen von uns bluten noch die Wunden des Abschieds und wir fragen: War das alles? Warum sind wir nicht mit dem gemeinsam Erlebten zufrieden, wo wir doch ein Stück des Weges mit unseren lieben Verstorbenen gehen durften? Ist

es anmaßend, nach mehr zu fragen, „mehr als alles" zu ersehnen, wie die Theologin Dorothe Sölle einmal sagt?

Oft hört man heutzutage den Satz „Der Weg ist das Ziel" – es paßt gut zum Zeitgefühl vieler Menschen. Der Weg ist das Ziel, hieß es oft, als ich heuer auf dem Jakobsweg fast drei Monate unterwegs war.

„Der Weg ist das Ziel." Dieser Satz entspricht dem Selbstfindungsprozeß des heutigen Menschen, etwa dem Wunsche, sich ungewohnten Lebensumständen aussetzen zu wollen, die umfassende Sinnlichkeit des Wanderns und Rastens zu erfahren, die Freude an der Bewegung, den Reiz der Landschaften und der Kulturgüter, das Ausloten der eigenen Kondition bei unterschiedlicher Witterung und ähnliches mehr zu erleben.

Dankbar darf ich sagen, daß ich auf dem Jakobsweg sehr viel vom bereichernden Gehalt des Weges erfahren durfte: in der Begegnung mit der Natur und Kultur, im Geschenk der Gastfreundschaft, in der Weggemeinschaft mit anderen Pilgern.

So wie der Prophet Elija im sanften leisen Säuseln des Windes Gottes Wirken wahrgenommen hat, so hat wohl jede und jeder von uns auf dem Lebensweg in der Mitte der Erfahrungen von Angenommen sein, Mitgenommen werden und Aufgenommen sein durch Menschen, die hier begraben sind, zu Lebzeiten Leben und darin auch Gott selbst und ein Stück Reich Gottes erlebt.

Der Lebensweg hier auf Erden ist Leben und wir sollen und dürfen uns des Lebens erfreuen und es auch in rechtem Sinne genießen, also alles aus dem Weg räumen, was Leben verhindert, lähmt, stört und zerstört. Wir sind gerufen, welttüchtig zu sein, nicht weltflüchtig.

Religion und Glaube dürfen nicht bloß an den Lebensrändern angesiedelt werden. Gott ist auch die Mitte des Lebens und dessen tragende Stütze – wie die Lesung sagt: Gott liebt alles, was er geschaffen hat, er ist ein Freund des Lebens und in allem wohnt sein unvergänglicher Geist.

Zurecht sagt der Apostel Paulus „Kaufet die Zeit aus" (Eph 5,16), denn hier und jetzt gilt es, den Dreiklang der Liebe, der Liebe zu Gott, zum Nächsten und zu sich selbst zu erfahren und auch weiterzuschenken. Es sollte auf keinem Grabstein stehen dürfen: „Er ist gestorben, bevor er zu leben angefangen hat." Es ist ein Unterschied, ob jemand lebensmüde stirbt oder „satt an Jahren". Christlicher Glaube will und darf keine Vertröstung auf ein Jenseits sein.

„Der Weg ist das Ziel" – Es bleibt die Frage: Ist das die ganze Wahrheit? Ist das alles, was zu sagen ist? Wenn dem so ist, so heißt unsere Zusammenkunft zu Allerseelen: ‚Das war's!' Wir sind da, um noch die letzte Trauerarbeit zu leisten und endgültig Abschied zu nehmen.

Dann soll es uns nicht wundern, dass nachher der Verstorbene in die Namenlosigkeit des Todes fällt und er dort auch bleibt, daß wir also seinen Namen vergessen dürfen und müssen. Dann ist es wohl auch eine logische Konsequenz, daß sich immer mehr Menschen anonym, also namenlos begraben lassen, weil der Lebens-Weg zu Ende ist und der Mensch ausgelebt hat. Die in den westlichen Ländern stark ansteigende Zahl der sogenannten anonymen Begräbnisse drückt dies wohl aus. Die Friedhöfe werden sich dann auch als Gedenkstätten konkreter Menschen immer mehr erübrigen, denn das war's!

Konsequent folgt dann auch, dass dieses irdische Leben die „letzte Gelegenheit"(Marianne Gronemayr) ist und man es deshalb wie eine Zitrone auspressen muss – im gegenseitigen Verdrängungsprozess und in der schonungslosen Ausbeutung der Ressourcen unserer Mutter Erde - eine Wirklichkeit, wie sie warnend bildhaft in der Turmbaugeschichte zu Babel geschildert wird: weil man nicht mehr liebend beim Namen gerufen wird, macht man sich selbst einen Namen: Hast du was, bist du was; hast du mehr, bist du wer!

„Was aber, wenn Totenstille eintritt?" fragt Ingeborg Bachmann. Entsteht dann nicht, wie die Sprache verräterisch sagt, eine neue Heiden-Angst? Vielleicht steht sogar hinter dem sich rapid verbreitenden Halloween-Rummel neben der Geschäftemacherei unbewußt die keltisch heidnische Vorstellung, den Tod und die Toten zu verdrängen, ja selbst die eigenen Verstorbenen durch Abschreckung loszuwerden.

Meine wesentlichste Erfahrung auf dem Jakobsweg ist: Der Weg ist nicht nur das Ziel, sondern er braucht auch ein Ziel, er hat ein Ziel. Ohne das Ziel, das Apostelgrab in Santiago, könnte man zum Vagabunden und Abenteurer werden und würde das Gehen der Beliebigkeit ausgeliefert und letztlich sinnlos.
Es besteht die Gefahr, vor lauter Fixierung auf das Ziel den Weg und alles, was er bereit hält, gering zu achten. Größer freilich ist heute die Gefahr, vor lauter Fixierung auf den Weg und dessen Auskosten das Ziel aus den Augen zu verlieren. Das gilt für den Jakobsweg, aber vor allem für den Lebensweg.
Das Pilgern zu einem Wallfahrtsort ist das Einüben der Überzeugung, daß dieses Leben nicht in einer Odyssee, in einer Sackgasse oder in einem Labyrinth endet, sondern eine Voll-Endung findet. Vom Ziel her bekommen alle Wege erst ihren tieferen Gehalt, ihre Ausrichtung und letzten Sinn.

Ist jedoch nicht doch der Wunsch der Vater des Gedankens? - Dem ist nicht so, seitdem es Jesus Christus gibt, der von sich sagt: „Ich bin der Weg, die Wahrheit und das Leben. Durch mich kommt ihr zum Vater." (Jo 14,6) Er ist nicht ein Prinzip Hoffnung, sondern der konkret mitgehende, mitleidende, mit uns sterbende und für uns auferstandene Mensch und Gott, der dem

Lebensweg Ausrichtung, Orientierung und Vollendung gibt. Er ist der, durch den unser irdischer Lebensweg auch Sinn und Ziel hat.

Es ist der Glaube an diesen Jesus Christus, der uns zu Allerseelen zusammenführt: in ihm haben wir die Gewißheit, daß uns nichts, weder Leben noch Tod, weder Gegenwart noch Zukunft, weder Gewalten der Höhe oder Tiefe, weder Engel noch Mächte trennen können von Gottes Liebe (Röm 8,28f).

Weil dieser Gott ein Freund und Liebhaber des Lebens ist, hat er sich selbst dem Sterben überliefert, um uns aus der Anonymität des Todes bei dem Namen zu rufen, der uns als ewiger Name bereits in der Taufe zugesprochen wurde. In die Hände dieses Gottes dürfen wir unsere lieben Verstorbenen loslassen – in der Gewißheit, sie wieder zu gewinnen in der Fülle des Lebens bei ihm. Bis dahin sind sie uns gleichsam ein Anker im Himmel.

Auch wenn uns dieser mitgehende Gott wie den Jüngern von Emmaus oft unerkannt, fremd und abwesend scheint, besonders wohl beim Sterben unserer Lieben, so wünsche ich uns, daß es immer wieder Phasen des Lebens gibt (und vielleicht ist heute so ein Tag!), wo es uns während des Lebensweges warm ums Herz wird – im Erahnen einer seligen Vollendung. Vor allem bin ich überzeugt, daß es am Ende des Lebensweges – im Tode - unseren lieben Verstorbenen und einmal uns allen wie Schuppen von den Augen fällt und wir selig erfahren, daß nicht nur der Weg das Ziel ist, sondern unser Lebensweg ein heiles, heiliges und vollendetes Ziel in der Fülle des Lebens bei Gott und in der Gemeinschaft der Heiligen hat.

Möge uns eine heilige Unruhe dorthin erhalten blieben, denn, wie Augustinus sagt: „Das unruhige Herz ist die Wurzel aller Pilgerschaft. Im Menschen lebt eine Sehnsucht, die ihn hinaustreibt aus dem Einerlei des Alltags und aus der Enge seiner gewohnten Umgebung. Immer lockt ihn das andere, das Fremde. Doch alles Neue, des er unterwegs sieht, kann ihn niemals ganz erfüllen.

Seine Sehnsucht ist größer. Im Grunde seines Herzens sucht er ruhelos den ganz Anderen, und alle Wege, zu denen der Mensch aufbricht, zeigen ihm an, daß sein ganzes Leben ein Weg ist, ein Pilgerweg zu Gott." Amen.

Allerseelen
1 Thess 4,13-14.17b-18; Mk 15,33-41 (2.11.2009)

Mitten im Jahr, das weltweit durch die Finanz- und Wirtschaftskrise geprägt war, haben Sie durch den Tod eines Ihnen nahestehenden lieben Menschen einen schmerzlichen Verlust erlitten, der unvergleichbar mehr weh tut als mancher Verlust an der Börse.

Die Wunden bluten noch; Sie stehen ja mitten im Trauerjahr. Sie haben erfahren, dass weder Besitz noch Geld oder Ansehen uns vom Tode loskaufen können und dass auch die beste Medizin an ihre Grenzen kommt. Geldkapital hilft weder vor dem Tode noch nachher, denn keiner kann sich vom Tode loskaufen und keiner kann auch nur einen Cent mit hinüber nehmen. Wir sterben alle als Bettler.

Was Sie freilich auch anbetracht des Todes Ihrer Lieben hoffentlich erfahren haben: Sie sind menschlich näher zusammengerückt; sie haben einander in diesen Tagen und Monaten Halt und Stütze gegeben und spendeten einander Trost. Es sind die Beziehungen, in denen wir leben, die uns angesichts des Todes unserer Lieben Halt geben: die Familie, Freunde, unsere Kontakte in der Nachbarschaft, die Verankerung in der Pfarrgemeinde. Mit einem Wort: nicht das Geldkapital hilft, sondern nur das Sozialkapital, d.h. die liebende Verbundenheit miteinander.

So sehr das soziale Netzwerk, in dem wir stehen, uns eine seelische Tankstelle ist, wenn uns der Tod lieber Menschen erschöpft und deprimiert zurücklässt, bleibt die Tatsache des Todes. Gilt also doch nicht, was ein Philosoph sagt: „Jemanden lieben heißt zu ihm sagen: Du wirst nicht sterben"? (Gabriel Marcel) Liebe möchte stärker sein als der Tod! Sie ist es aber offenbar nicht! Wir sind und bleiben endlich – und uns ist, ob wir wollen oder nicht, der „Umgang mit Endlichkeit" aufgetragen. Vor vier Wochen hörte ich einer Diskussionsrunde zu, die genau dieses Thema „Umgang mit Endlichkeit" hatte.

Da war zu meiner Verwunderung u.a. ein Schweizer evangelischer Pastor, der dem Verein „Exit" angehört, einem Verein, die den selbstgewählten Freitod propagiert. Er begleitet solche Menschen in ihren letzten Stunden. Die etwas idyllische Darstellung seinerseits wurde zu Recht von den anderen Podiumsteilnehmern sehr hinterfragt. Möchte nicht jeder Mensch lieber an der Hand eines Menschen sterben als durch eine Hand, und sei es die eigene?!

Der ärztliche Leiter einer Palliativstation führte dies glaubwürdig aus und zeigte, wie Menschen in liebevollem Getragensein durch die Nächsten zum Sterben schlussendlich Ja sagen und in Frieden und Würde meist schmerzfrei sterben.

War früher eher die Gefahr der Vertröstung auf das Jenseits gegeben, so zeigten die Redner die gegenteilige Tendenz heute auf, die Vertröstung auf das Diesseits, denn heute wird alles geboten und getan, um bis ins hohe Alter fit und gleichsam ewig jung zu bleiben.

Der inzwischen aus dem Hinduismus abgeleitete Glaube an die Reinkarnation ist bei uns im Westen auch ein Versuch, die Endlichkeit durch eine Vielzahl von Leben hintereinander zu verdrängen, da man ja die ganze Fülle gar nicht auf einmal ausleben könne.

Es gibt wohl noch viele andere Wege, der Tatsache aus dem Wege zu gehen, dass alles Leben einmal sein Ende finden wird – das Leben von geliebten Menschen und auch das eigene.

Die eine Seite ist also unsere Endlichkeit und auch die Schwierigkeit, sie anzunehmen. Und doch trifft gerade auf diese Tatsache des Todes der Satz von Ingeborg Bachmann zu: „Die Wahrheit ist dem Menschen zumutbar." Man könnte auch den Evangelisten Johannes zitieren: „Die Wahrheit macht frei."
An einer anderen Stelle bringt die große Dichterin auch eine uns zumutbare Wahrheit zum Ausdruck, die gleichsam die Kehrseite unserer Endlichkeit ist: „Alles ist zu wenig."

Ist der Wunsch der Vater des Gedanken, dass unser durch alles auf Erden unstillbarer Hunger doch erfüllt werde? Gehen die Sehnsüchte des Menschen etwa nach Gerechtigkeit ins Leere und sind die Opfer für immer verloren, während die Täter triumphieren? Werden unsere Fragen „Warum?" nie beantwortet? Landen alle unsere Hoffnungen und wir selbst auf dem Müllhaufen der Geschichte? Fragen, die so alt wind wie die Menschheit! Ist unser Glaube sinnlos und nichtig?

Bei dem erwähnten Gespräch über den „Umgang mit Endlichkeit" haben die Diskussionsteilnehmer nur sehr verhalten und indirekt vom Leben nach dem Tode gesprochen. Sie wollten offenbar damit verhindern, dass die notwendige Trauer nicht zugelassen werde und vorschnell eine religiöse Vertröstung geschehe. Wie ist es nun mit der Trauer?

Als Angehörige der im letzten Jahr Verstorbenen trauern Sie zu Recht und es wäre traurig, wäre dem nicht so. Die Bibel selbst spricht Ihnen dieses Recht zu, denn das Leben mit Gott lässt viele Fragen offen. Vierzig Prozent der Psalmen sind Klagepsalmen, also Gebete, in denen sich Menschen gegen Gott auflehnen. Hiob ist lange der Rebell – auch vor Gott- und er stellt ihm radikal die Frage des „Warum?", bevor er zu dem wird, der sich in Gottes Größe und Weisheit fallen lässt und schlussendlich geborgen weiß. Er geht sozusagen beispielhaft für alle vom Leid Betroffenen die notwendigen Phasen der Trauerarbeit durch.

Die Sprache der Bibel ist keineswegs eine moderate, allzu fromme Sprache. Keine Angst: Gott hält unser Trauern und Klagen aus, ja er rechnet damit. Alle Klagen, die nicht in dieser Welt erhört werden, greifen über den Tod hinaus. Gott ist uns gleichsam die Auferstehung schuldig, damit die Klage einmal endgültig verstummt.

Jesus selbst spricht am Kreuz den Klagepsalm 22, in dem es heißt: „Du legst mich in den Staub des Todes". Jesus steht auf der Seite der Klagenden gegenüber Gott. Er hat stellvertretend geklagt für alle, die den Mund nicht mehr aufbringen.

Vom Geist Gottes sagt Paulus im Römerbrief: „Der Geist selber tritt für uns ein mit Seufzen, das wir nicht in Worte fassen können... Wir wissen, dass Gott bei denen, die ihn lieben, alles zum Guten führt." (Röm 8, 26.28)

Gottes und unsere Liebe verschonen uns nicht vom Tod, aber sie ist seit dem Tode Jesu eine Liebe, die stärker ist als der Tod. Der Todesschrei Jesu wandelt sich nämlich zum ersten Geburtsschrei der Auferstehung.

Es gibt in der Bibel keine Erklärung auf die Frage des Leids. All die Erklärungsversuche der Freunde Hiobs werden abgewiesen. Es gibt nur die ‚Antwort', dass Gott selbst sich nicht aus dem Leiden heraushält und dass Gott selbst den tiefsten Abgrund menschlichen Daseins mitgelitten hat. Gott führt keine Regie über den Sternen, sondern er ist dem Menschen immer nahe und er lässt sich seine ‚Antwort' etwas kosten, sich selber. „Durch seine Wunden sind wir geheilt." (Jes 53,5) - Mögen auch wir wie der Hauptmann, der Jesus auf diese Weise sterben sah, sagen können: „Wahrhaftig, dieser Mensch war Gottes Sohn!" (Mk 15,39)

Ich wünsche uns allen, dass auch wir angesichts der vielen Fragen, die der Tod unserer Lieben uns stellt, uns nicht mit vorschnellen nur menschlichen, esoterischen oder säkularen Antworten zufrieden geben, aber auch nicht mit vorschnellen frommen religiösen Zurufen, sondern ich wünsche uns, dass wir wie der Apostel Thomas nach einem Heiland mit den Wundmalen unseres menschlichen Daseins fragen, also nach einem mit uns zutiefst solidarischen Gott und dann in seine Todes-Wundmale unsere eigene Trauer und Wunden, ja unsere lieben Toten bergen und dass wir darin Gottes bergende Liebe ahnen, die stärker ist als der Tod, und dass wir dann mit Thomas gläubig bekennen. „Mein Herr und mein Gott!" (Joh 20,28)

Nochmals: Wir dürfen und sollen trauern und wir tun es trotz des gesellschaftlichen Trauerverbotes. Von gestern haben wir noch die Seligpreisung im Ohr: „Selig die Trauenden, denn sie werden getröstet werden" (Mt 5,4). Unser Trost über allen zwischenmenschlichen Trost hinaus heißt Jesus Christus – oder wie Paulus es in der Lesung heute sagt: „Trauert, aber trauert nicht wie die anderen, die keine Hoffnung haben. Wenn Jesus - das ist unser Glaube – gestorben und auferstanden ist, dann wird Gott durch Jesus auch die Verstorbenen zusammen mit ihm zur Herrlichkeit führen. Dann werden wir immer beim Herrn sein. Tröstet also einander mit diesen Worten!" (1 Thess 4,14.17b-18) Amen.

25. Sonntag
Weish 2,1a.12.17-20 ; Mk9,30-37 (23.9.2012)

Sie alle haben wohl von dem Gerichtsurteil in Deutschland gehört, das die Beschneidung von jüdischen oder muslimischen Knaben als Eingriff in die Religionsfreiheit und als Verletzung der körperlichen Integrität derselben verbietet. Bei allem Für und Wider ist dieses Urteil für mich eher Ausdruck der Verdrängung der Religion aus der Öffentlichkeit in die reine Privatsphäre. Auch in Österreich hat der Verein „Religion ist Privatsache" durch die ständigen Angriffe gegen die Kirche die gleiche Absicht.

Gestern habe ich drei Babys getauft. War das auch von Seiten der Eltern und von mir ein Eingriff in die Religionsfreiheit dieser Kinder, wie vor kurzem sogar ein Theologe meinte (Paul Wess)? Ist Taufe also eine Zwangsbeglückung und ein unerlaubter Eingriff in die Wahlfreiheit der Kinder?

Die Frage ist durchaus ernst zu nehmen, zumal dort wo Taufe nur noch aus Gewohnheit geschieht und zu wenig oder nicht bedacht wird, welche Verantwortung damit auch Eltern auf sich nehmen. Dann wird leicht aus dem Sakrament ein magisches Handeln, das die menschlichen Rahmenbedingungen nicht ernst nimmt.

Eines ist sicher: Wir stehen am Ende der so genannten konstantinischen Ära, in der Gesellschaft und Kultur, Thron und Altar eng verbunden waren. Kindertaufe ist keine unhinterfragte Selbstverständlichkeit mehr. Christsein ist sicherlich heute zunehmend kein Schicksal mehr, sondern eine freie Entscheidung und Wahl, also wieder ähnlicher den ersten Jahrhunderten unserer Zeitrechnung. Bloßes Brauchtum wird in Zukunft nicht genügen!

Wie ist das nun mit der Babytaufe? Bezüglich deren Hinterfragung wegen des Eingriffes in die Freiheit des Kindes frage ich zurück: Ist das Kind gefragt worden, ob es diese Eltern hat, gezeugt und geboren werden wollte, ob es so oder so ernährt und erzogen und da oder dort aufwachsen will?

Eltern haben darüber verfügt. So und nicht anders sind wir alle Mensch geworden und aufgewachsen: wir alle wurden zuerst von den Eltern und deren Entscheidungen bestimmt, oder, ich sage besser, ‚beschenkt'. Weil Eltern ihr Kind selbstverständlich lieben, werden sie ihm auch bezüglich Weltanschauung und Glauben das mitgeben, was sie für sich als die beste Lebens-Perspektive und als Frohbotschaft für ihr Leben ansehen. Wenn sie dem Kinde keine Weltanschauung, also irgendeinen Glauben mitgeben, werden es unweigerlich andere tun. Übrigens ist auch Nihilismus ein ‚Glaube' im weiten Sinne. - So ist die Taufe von den Eltern her die Offenheit für die Zusage, dass Gott dieses Kind liebt und mit seinem Segen begleitet. Die Kehrseite ist freilich auch die Verantwortung der Eltern, ihr Kind zum Glauben hinzuführen und es in die Freiheit zu begleiten, damit es als Erwachsener Ja dazu sagen kann.

Im heutigen Evangelium begegnen wir Jesus in seinem Verhalten zu den Kindern. Seine Wertschätzung der Kinder ist keine lieblich-idyllische Episode für Pressefotografen während eines Wahlkampfes, sondern eine grundsätzliche Haltung. Angesichts des Streites seiner Jünger, wer der Größte unter ihnen sei, stellt er ein Kind als Vorbild in ihre Mitte und sagt: „Wer ein solches Kind um meinetwillen aufnimmt, der nimmt mich auf."

Es zeigt sich darin Jesu programmatischer Einsatz für die Kleinen, die Wehrlosen, die Zukurzgekommenen, die auf andere Verwiesenen, die Kranken, Armen und Bedürftigen.

Es erweist sich darin im Gegensatz zum Streit seiner Jünger Jesu eigene Karriere nach unten, um Gottes Reich zum Tragen zu bringen, während in der Welt und deren Gesetzen die Karriere nach oben und die entsprechende Ellenbogenpolitik zählen.

Auch seine Jünger waren von diesem weltlichen Denken stark angesteckt und müssen noch lange mit Jesus beisammen sein, um zu verstehen, dass Jesus das Reich Gottes weder durch die Vertreibung der römischen Besatzungsmacht noch durch eine bloße Sozialrevolution herbeibringt, sondern durch seine konsequente Liebe zu Gott und den Menschen, die sich in seinem Einsatz für die Kleinen ausdrückt. Nur so heilt er die Welt in ihrer Wurzel und setzt den unwiderruflichen Anfang einer Welt mit anderen Spielregeln, des Reiches Gottes, in dem nicht einer auf Kosten des anderen lebt, sondern dem anderen dient.

Jesu Karriere nach unten ist Ausdruck seiner radikalen Liebe, also eine ‚Wurzelbehandlung' dieser Welt, die allen Schaden, den die Karrieren nach oben auf Kosten anderer anrichten, grundsätzlich und für immer heilt. Jemand brachte das pointiert in die Worte: „Wenn jemand sein Christentum konsequent lebt, wird er nicht älter als 33 Jahre."

Das wichtigste Bekleidungsstück Jesu ist nicht das Kleid eines Hohenpriesters, auch nicht die Mitra des Papstes oder eines Bischofs, sondern die Schürze, die er bei der Fußwaschung trug. Er hat damals ein Beispiel gegeben – jedem von uns und zumal allen, die ein Amt in der Kirche haben und dies zur eigenen Karriere und Machtstellung missbrauchen, statt dem Volke zu dienen. In diesem Tun hält Jesus auch den Amtsträgern der Kirche einen Spiegel vor die Augen, der zur Umkehr ruft, auch heute! Was würde wohl Jesus seiner Kirche heute anbetracht der klerikalen Stufenleiter und Rangstreitigkeiten sagen?

Wenn jedoch einer so radikal die Liebe zu anderen lebt und in seinem Tun so glaubwürdig und wahrhaftig ist, an dem werden die anderen sicherlich Anstoß nehmen. Die Lesung drückt diese Erfahrung aus: Der Gerechte erregt Anstoß und die Frevler wollen ihn aus dem Weg schaffen, weil er ja ihrem Tun im Wege steht. Beispiel dieses Lebens aus Wahrheit und Liebe gibt es damals und heute, von den Märtyrern der Antike angefangen bis zu Martin Luther King oder Nelson Mandela. Kaum zu glauben, 20 Millionen Christen werden heute weltweit wegen ihres Glaubens verfolgt, erleben also das, wovon die Lesung spricht!

Die ‚Kerze der Hoffnung' in der Kapelle brennt für sie und ich danke allen, die auf den dort aufgelegten Listen immer wieder als kleines Zeichen Ihrer Solidarität mit den verfolgten unterschreiben. Gott-sei-Dank haben wir keine äußere Verfolgung, aber dass man als ‚Gutmensch' und weltfremd mitleidig oder böswillig belächelt wird, werden auch wir dort und da erfahren. Ich habe auch manchmal den Eindruck, dass viele Medien mit einer gewissen Schadenfreude nur die Schattenseiten des eigenen christlichen Erbes aufzeigen und das auch vorhandene Licht der Kirche oft unter den Scheffel stellen.

In seiner radikalen Karriere nach unten hat Jesus den tödlichen Konflikt nicht gesucht, sondern es war die Konsequenz seiner Liebe – bis zum Tod am Kreuz. Für mich sind die heutigen Lesungen auch eine Anfrage an jeden Einzelnen und an uns als Pfarre: Wo bin ich versucht, der Größte zu sein? Wo lebt mein Mehr vom Weniger des anderen? Es ist, wir wissen es, „verdammt hart, der Beste zu sein!" Wie schaut unser Einsatz für die Kinder unserer Pfarre aus?

Ich nütze die Gelegenheit, um allen zu danken, die sich aus dem Geiste Jesu in der Pfarre für die Kinder in der Pfarre engagieren …. Zugleich ersuche ich junge Familien herzlich, mitzutun zumal bei der Vorbereitung der Kinderwortgottesdienste und Kindermessen. Es braucht immer wieder auch Neue! Ich weiß, dass Bildung wichtig ist, aber lassen wir den Kindern auch ihr Kindsein und sorgen wir uns gegen deren zu frühe Einplanung in die Nützlichkeit der Ökonomie für deren Herzensbildung – wobei gilt, dass „die Familie die Hochschule der Liebe ist" (Altbischof Reinhold Stecher) und bleibt.

Ich danke aber auch allen, die sich in der Pflege von Angehörigen daheim, im Besuchsdienst in Krankenhäusern und Altenheimen, in der Caritas im pfarrlichen Umfeld und bei Sammlungen für die Nöte der großen Welt einsetzen. Überall nimmt das Reich Gottes unaufhaltsam Gestalt an, wo wir in der Nachfolge Jesu den Kleinen und Schwachen dienen. Amen.

Christkönig

Offb 1,5b-8; Joh 18,33b-37 (25.11.12)

Christkönigssonntag: Bei den Älteren unter uns tauchen wohl Erinnerungen an Jugendaufmärsche und Bekenntnisfeiern zu Ehren Christi, des Königs, auf. Nicht von ungefähr ist dieses Fest nach dem Ende der Monarchie im Jahre 1925 eingeführt worden, d.h., in der Zwischenkriegszeit und in den Jahren des Aufstieges Adolf Hitlers. Das Fest bedeutet, was die Lesung sagt: Christus ist „Alpha und Omega, ...der Herrscher über die ganze Schöpfung", der letztlich alles in der Hand hat. Er ist jedem irdischen König, auch dem römischen Kaiser und dessen Statthalter Pilatus, allen Führern und Verführern, aber auch allen Stars von heute überlegen. Umso größer war die Freude nach dem zweiten Weltkrieg, dass tatsächlich der ‚Führer' die Schlacht verloren hat und Christus der Sieger ist.

Wir tun uns in Zeiten der Demokratie heute mit dem Königstitel schwer. Wir wissen, wie oft Könige ihre Macht schändlich missbraucht haben und wie leicht Thron und Altar allzu nahe kamen und Kirche und die ihnen Verbündeten von geistlicher Seite eher weltliche als geistliche Macht ausübten.

Könige haben zwar in der Märchenwelt ihren Charme nicht verloren; die Adelshäuser bedienen auch die Boulevardpresse, um eventuell die geheime Sehnsucht der Leser zu stillen oder aber auch deren Klatsch- und Tratschseiten mit Skandalen zu füllen, um sich als kleiner Mann von der Straße selbst auf die Schulter klopfen zu können.

Jesu Königtum war eine Karriere nach unten (Phil 2). Deshalb ließ er sich erst nach der Auferstehung Messias nennen, um allen Erwartungen politischer oder gar triumphalistischer Art den Boden zu entziehen. Als Auferstandener ist er aber tatsächlich Sieger über Sünde und Tod und Heiland aller Welt.

Was mit manchem abzulehnenden kämpferischen Unterton gegen andere mit dem Königtum Christi ausgesagt werden sollte, drückt das 2. Vatikanische Konzil für mich auf neue, zeitgemäße und bessere Art aus, wenn es vom Heilsuniversalismus unseres Glaubens spricht. Das ist die radikalste und zugleich unumkehrbare Frohbotschaft dieses Konzils. Es ist die Frucht einer langen Reifungsgeschichte des christlichen Bewusstseins. Was ist damit gemeint?

Beim Kirchenlehrer Augustinus war Blocksatz Lj.BBder Kreis derer, die gerettet und selig werden, fast identisch mit dem der ausdrücklich kirchlich Glaubenden („extra ecclesiam nulla salus'); der Rest gehörte mehr minder zur ‚massa damnata'. Dass damit auch die ständige Angst vor der Hölle genährt wurde und aus der Frohbotschaft eine Drohbotschaft zu werden drohte, haben manche in der Verkündigung als Kinder noch erlebt.

Das letzte Konzil sagt hingegen, dass Gottes Liebe wirklich allen gilt; es drückt die Hoffnung aus, dass selbst die Bosheit eines Menschen von der Macht der Gnade Gottes noch einmal in freie Liebe verwandelt werde. Selbst der, der sich für einen Atheisten hält, ist mit dem österlichen Geheimnis Christi, also mit dessen Sieg über Sünde und Tod verbunden, wenn er nur seinem Gewissen folgt. Folgerichtig wird gesagt, dass auch die, die in Schatten und Bildern den unbekannten Gott suchen, dem wahren Gott nicht fern sind. Die Kirche ist nicht die Gemeinschaft der allein Geretteten, sondern vielmehr nur Zeichen und Werkzeug der Rettung der ganzen Welt. Gott will, dass alle gerettet werden.

Aus diesem Heilsoptimismus folgt nicht nur eine ökumenische Haltung gegenüber allen christlichen Schwesterkirchen, sondern auch die Wertschätzung aller Mitmenschen in anderen Weltreligionen, weil damit gesagt ist, dass alle Gesprächspartner in der Gnade Gottes leben.

Ohne eine Allversöhnung fordern zu können („Wir kommen alle, alle in den Himmel"), dürfen wir hoffen, dass Gottes Gnade der freien Entscheidung des

Menschen nicht nur angeboten wird, sondern dass sie sich in dieser Freiheit auch weitgehend, ja universal durchsetzt. Anders gesagt, mit den Worten von Karl Rahner: „Früher fragte die Theologie ängstlich, wie viele aus der ‚massa damnata' der Weltgeschichte gerettet werden. Heute fragt man, ob man nicht hoffen dürfe, dass alle gerettet werden." (Karl Rahner. Die bleibende Bedeutung des Zweiten Vatikanischen Konzils, Stimmen der Zeit 197/1979, 795-806).

Was folgt daraus für uns hier und jetzt? Wenn Gottes Heil in Christus allen geschenkt ist, dann ist niemand für sich allein Christ, sondern immer in Verbindung mit der ganzen von Christus erlösten Menschheit. Das heißt: Niemand darf für sich allein das Heil beanspruchen, sondern unser Gottesdienst und unser Weltdienst sind immer für alle, so wie das Brot und der Kelch, in denen sich Christus uns schenkt, zum Heil aller hingegeben sind. Alle egoistische Frömmigkeit ist unchristlich. Wer nur sein Leben retten will, ist in Gefahr, es zu verlieren; wer sich hingegen für andere hingibt, gewinnt sein Leben. Wir feiern für uns und immer auch stellvertretend für alle Menschen.

Stellvertretung ist ein urbiblischer Gedanke, der andere nicht aus der Verantwortung entlässt, mich aber immer auch mit den anderen solidarisch macht. Die Sünde Israels beginnt, wo sie die Auserwählung nicht stellvertretend auch für die anderen Völker versteht, sondern nur egoistisch für sich selbst. Jesus Christus lebt als der Neue Adam die Liebe bis zum Äußersten auch stellvertretend für uns alle, damit auch wir einander lieben. Stellvertretung ersetzt den anderen nicht, aber tritt für ihn ein. Meinen wir dies nicht auch, wenn wir zu jemandem in Not etwa sagen: „Ich denke an Dich; ich bete für Dich"?

Ich bin überzeugt, dass Stellvertretung in unseren Zeiten, da viele nicht mehr den Weg in die Kirche finden, sich mit dem Glauben schwer tun oder ihn gar ablehnen, eine besondere Aktualität hat. Es ist die Aufgabe der Glaubenden, in den gemeinsamen Gottesdienstfeiern, aber auch im persönlichen Gebet den

Himmel für alle offen zu halten. Ich sehe darin auch die große Bedeutung einer Kerngemeinde, die gleichsam solidarischer Platzhalter ist für die anderen, die dann, wenn sie danach suchen, auch einen Ort und eine Gemeinschaft vorfinden, in der sie ihre Freude, aber vor allem ihre Trauer und Angst abladen können, ohne einen Eintrittsschein vorzeigen zu müssen.

Man spricht heute von ‚Stellvertretungsreligion' (vicarious religion). Wir erleben immer wieder, dass Menschen nach Naturkatastrophen, etwa einem Tsunami, nach dem Untergang eines Schiffes, nach einer unermesslichen Bluttat wie etwa vor einem Jahr in Schweden in die Kirchen strömen, nicht nur um eine Kerze anzuzünden, sondern auch in der Erwartung, das dort jemand für sie da ist, der die ganze Tragweite dieses Geschehens vor Gott zum Ausdruck bringt. Jesus hat uns diese Spuren der Stellvertretung vorgegeben.

Wir haben im pfarrlichen Fachausschuss für Liturgie darüber gesprochen und möchten Stellvertretung als wesentliche Dimension unseres Feierns und Handelns wieder mehr ins Bewusstsein heben. Das Schicksal der anderen im Pfarrgebiet Wohnenden, der Menschen dieser Stadt und der ganzen Welt geht uns etwas an, auch wenn wir nichts dafür können. Wir sollen es wahrnehmen, um es auch mitfühlend und mitleidend (empathisch und sympathisch) anzunehmen und auch vor Gott hinzutragen. Unser Feiern und unser Handeln soll auch immer ein Bitten, Danken, Klagen und Sich-Freuen mit und für die anderen sein! Das Netzwerk unseres Betens und Tuns, das andere tragen und auffangen möchte, will zugleich auch offen und einladend sein für alle, die sich unserem Netzwerk anschließen wollen.

Kleine Formen dieser Stellvertretung üben wir seit langem. Beispiele sind etwa das Mitfeiern eines Pfarrgemeinderates bei den Tauffeiern, die namentliche Nennung der in dieser Woche in der Pfarre Getauften, Getrauten oder auch Verstorbenen, die Gebetspatenschaften für Erstkommunionkinder und Firmlinge.

Um diesem Anliegen noch mehr Ausdruck zu geben, steht ab heute, dem letzten Sonntag eines Monats, beim Bild unseres Pfarrpatrons Bruder Konrad in der Kapelle die so genannte Freuden- und Sorgen-Truhe. Wir sind eingeladen, dort unsere Anliegen in den darauf folgenden Wochen zu hinterlegen. Jeden letzten Sonntag im Monat wird der Lektor am Ende in der letzten Fürbitte dieses Anliegen der Stellvertretung erwähnen und dann die Freuden- und Sorgen-Truhe vom Gabentisch vor den Altar tragen. Die Zettel werden nicht vorgelesen, sondern im österlichen Feuer verbrannt.

Heute haben wir ein wunderbares Beispiel stellvertretenden Handelns: Die Mitglieder des Chor Querklang bereichern nicht nur diesen Gottesdienst durch die ‚Misa da la Solidaridad' oder ‚Misa Campesina', sondern sie feiern, beten und singen mit uns auch stellvertretend für die armen Bauern von Nicaragua und bringen also deren Anliegen hin zu Gottes Altar. Zum Beten kommt auch das stellvertretende Handeln für diese Bauern, indem unsere Gäste am Ende der Messe unsere Spende für ihre Nicaragua-Projekte erbitten und auch den Erlös der verkauften CD`s in ihr Projekt einbringen. Es ist also ein guter Auftakt zu unserem pfarrlichen Projekt „Stellvertretung". Ich lade deshalb herzlich ein, das Nicaragua-Projekt unserer lieben Gäste großzügig durch Ihre Spende am Ende der Messe zu unterstützen. Amen.

Printed by Books on Demand GmbH, Norderstedt / Germany